自治体監査の12か月

仕事の流れをつかむ実務のポイント

馬場伸一［著］

April
May
June
July
August
September
October
November
December
January
February
March

学陽書房

はじめに～元気な監査が健康な組織をつくる

　米国会計検査院（Government Accountability Office: GAO）が掲げるコア・バリューは、Accountability（説明責任）、Integrity（正直さ・廉潔さ）、Reliability（信頼性）ですが、自治体監査においても同じものが求められていると思います。

　中でも特に、「正直さ」は大事です。少子高齢化、人口減少、ＩＴ化、コロナ禍など、社会環境が激変する今日、既存の制度・法令等が「現実に合っていない」と認める正直さと、それを改善していくときに自分の都合を優先しない廉潔さが特に求められています。

　公務員が「法律にそう書いてあるから」と思考停止していては、国民の負託に応えることができない時代なのです。

　本書を執筆するにあたって何よりも大事にしたのは、その「正直さ」でした。そもそも、リアルな現実を直視しなければ、監査という仕事は成り立ちません。公務における建前の重要性は十分に理解しつつも、建前と本音の乖離を可能な限り埋めていく作業が、監査の本質的使命のひとつです。

　自治体監査の現実をしっかりと見つめなければいけない、そういう使命感が、本書執筆の動機のひとつでもありました。その結果、ややきつい書き方になったところがあったかもしれませんが、特定の個人や団体を批判する意図は

筆者にはないことを申し添えたいと思います。

　コロナ禍により、自治体経営はさらに厳しい時代に入りました。人口減少でそれでなくても厳しかった自治体財政が、さらに逼迫の度を増すことは避けられません。その一方で、市民の生活を守り、地域の暮らしを回していく自治体の役割はさらに重要になっていきます。

　与えられるリソースは減るのに仕事は質・量ともに増えるという「泣き面に蜂」の状況は、今に始まったわけでもない、もはや言っても仕方がないデフォルトの状況です。そんな中、仕事の不具合を正し、業務プロセスに潜むリスクを検知し、業務を改善する監査の仕事は、自治体組織の健康な運営のためにますます重要度を増すと思われます。

　本書を読んでいただくことで、自治体監査事務局の職員が元気になり、監査の質の向上と自治体業務の改善につながれば、筆者としてこれ以上の喜びはありません。

　全国の監査事務局職員のみなさん、お仕事、頑張ってください！

令和３年初夏

馬場　伸一

自治体監査の年間スケジュールの例①

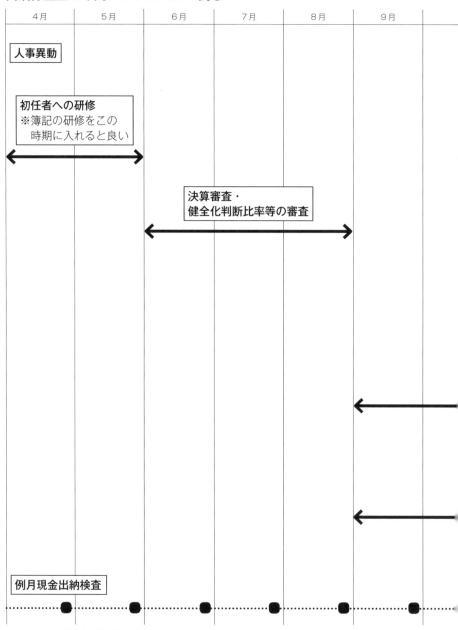

| | 4月 | 5月 | 6月 | 7月 | 8月 | 9月 |

人事異動

初任者への研修
※簿記の研修をこの
　時期に入れると良い

**決算審査・
健全化判断比率等の審査**

例月現金出納検査

※あくまで一例です。自治体によってかなり異なります。

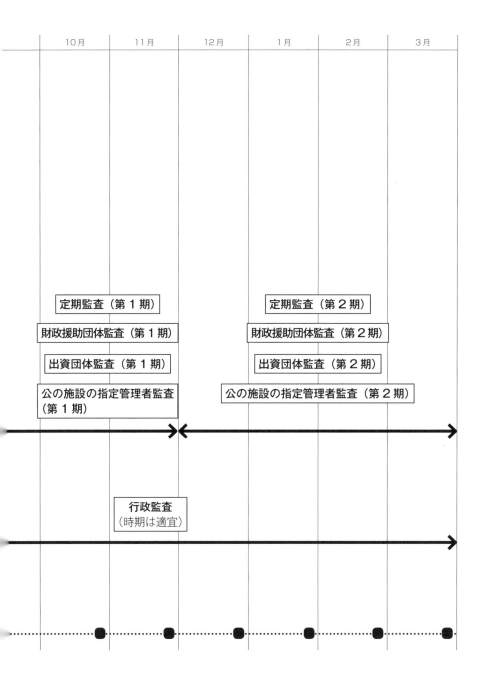

	10月	11月	12月	1月	2月	3月

定期監査（第1期）

定期監査（第2期）

財政援助団体監査（第1期）

財政援助団体監査（第2期）

出資団体監査（第1期）

出資団体監査（第2期）

公の施設の指定管理者監査（第1期）

公の施設の指定管理者監査（第2期）

行政監査
（時期は適宜）

自治体監査の年間スケジュールの例②（都道府県）

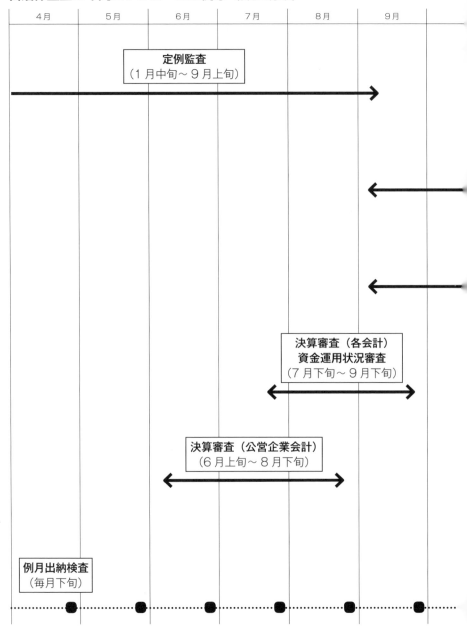

定例監査
（1月中旬～9月上旬）

決算審査（各会計）
資金運用状況審査
（7月下旬～9月下旬）

決算審査（公営企業会計）
（6月上旬～8月下旬）

例月出納検査
（毎月下旬）

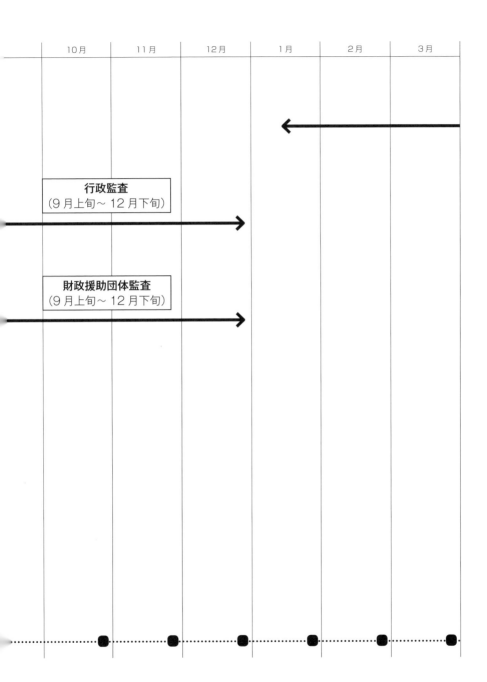

	10月	11月	12月	1月	2月	3月

行政監査
（9月上旬～12月下旬）

財政援助団体監査
（9月上旬～12月下旬）

自治体監査の年間スケジュールの例③（政令市）

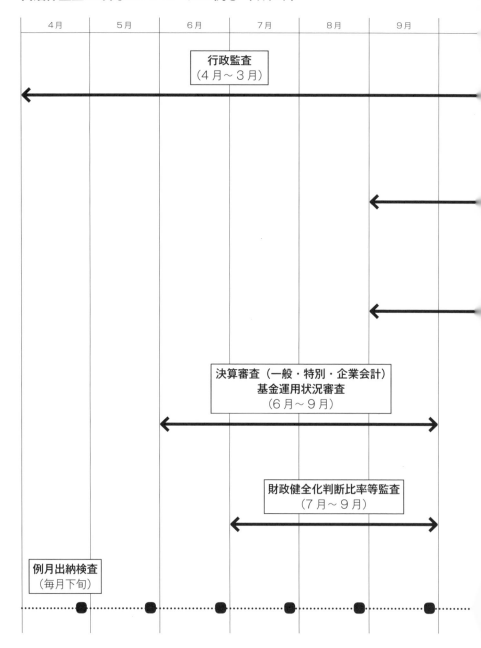

	4月	5月	6月	7月	8月	9月

行政監査
（４月～３月）

決算審査（一般・特別・企業会計）
基金運用状況審査
（６月～９月）

財政健全化判断比率等監査
（７月～９月）

例月出納検査
（毎月下旬）

	10月	11月	12月	1月	2月	3月

定期監査
（9月～3月）

財政援助団体等監査
（9月～3月）

自治体監査の年間スケジュールの例④（市）

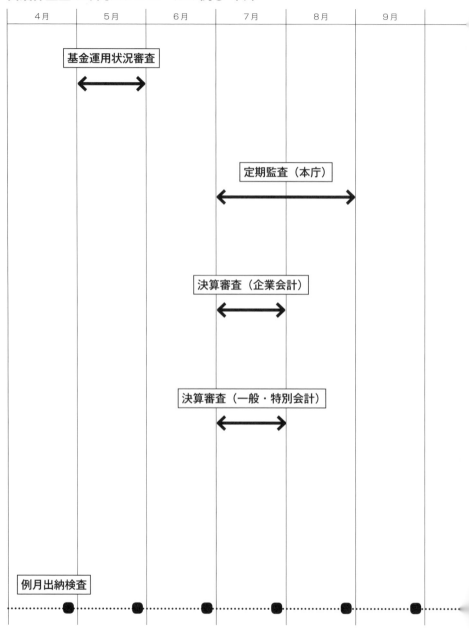

	4月	5月	6月	7月	8月	9月

基金運用状況審査

定期監査（本庁）

決算審査（企業会計）

決算審査（一般・特別会計）

例月出納検査

10月	11月	12月	1月	2月	3月

定期監査（出先）
←→

行政監査
←→

財政援助団体等監査
←→

自治体監査の年間スケジュールの例⑤（町村）

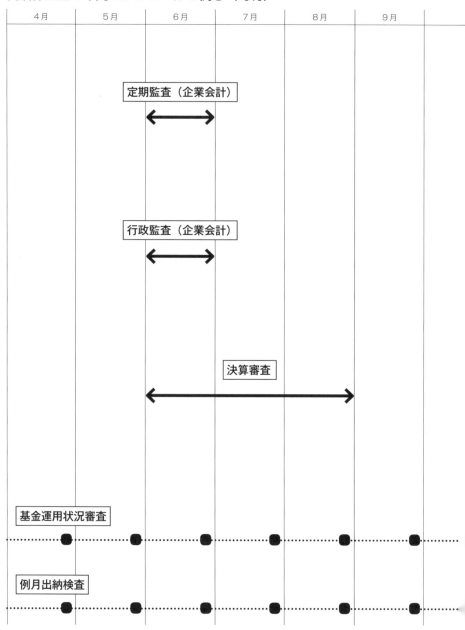

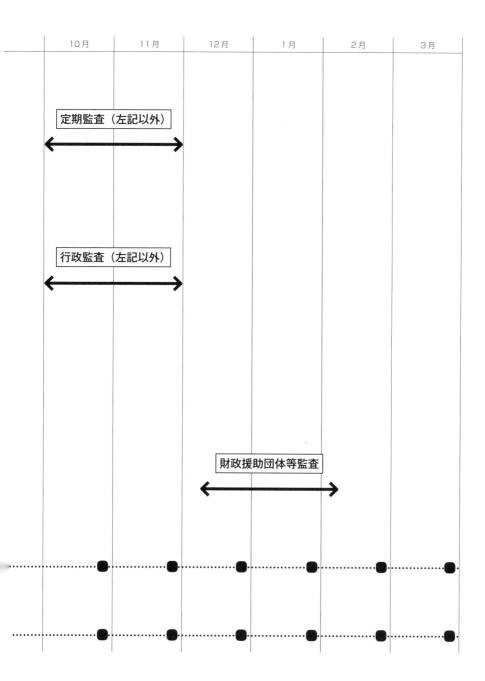

自治体監査の12か月　◈　目　次 ||||||||||||||||||

第2章　6〜8月の実務 ………………………………… 69

6〜8月　決算審査、健全化判断比率等の審査 ……… 70

序章

監査事務局の 12 か月

監査事務局の12か月

　監査という仕事は、自治体の業務の中では比較的「スケジュールを自分で決める」ことのできる仕事ではありますが、それでも法令等により実施時期が決まっている仕事はあり、それによって年間の大まかなスケジュールが決まっています。

　監査の場合、決算審査、健全化判断比率等の審査は、長が出す決算書とともに議会に審査意見書を提出しなければなりませんので、8月までに行う必要があります。そのため、多くの自治体で6～8月は決算審査の季節です（都道府県・政令市では、令和2年度決算から内部統制評価報告書の審査が加わります）。

　決算等の審査と他の監査を並行して行うことができるだけのマンパワーのある監査事務局は多くないので、以下のような年間計画となるところが多いようです。

春（4～5月）	人事異動後の業務分担、新規配属職員への研修など
夏（6～8月）	決算等の審査
秋・冬（9～3月）	定期監査、財政援助団体監査、出資団体監査、指定管理者監査、行政監査など各種監査の実施

　スケジュールの設定は監査委員の権限ですので、事務局のマンパワーを考慮しつつ、監査深度（対象部局の仕事をどれだけ「深堀り」できるか）と監査範囲（どれだけ多くの部局についてどれだけ広範に仕事を見ることができるか）を最大化できるように工夫していくことが大事です。限られたマンパワーと限られた時間を有効活用できるように年間計画を立てていきましょう。

第1章

4・5月の実務

4月　ようこそ、監査事務局へ！

　新年度が始まり、役所は人事異動の季節です。悲喜こもごもの風景が見られる時期ですが、監査事務局への異動の辞令を渡され「げっ」と思う人も多いと思います。そうです、監査は不人気職場。組織として小さいので、もともとマイナーな職場ではあるのですが、監査を受けたときに不愉快な経験をした人が多いこともあって「行きたくない」職場として認識されていることが多いようです。

　「監査は細かいことばかり言う、『粗探し』『重箱の隅つつき』だ」

　「監査でいろいろ言われても、意味のない仕事が増えるばかりだ。忙しいのに！」

　監査を受ける立場だったとき、こういうふうに感じた方も少なくないと思います。ですから、監査事務局への異動を「青天の霹靂」と感じたあなた、それ、普通です。監査への異動を命じられて憂鬱になったのは、あなただけではありません。

　しかし、監査という仕事は、本来は、あなたが思っているようなものではないのです。監査はとても重要な仕事です。監査の仕事を始めるにあたって、まずはそのことをしっかりと確認していきましょう。

よその国では人気職場

　アメリカの大学院で「財政管理（Financial Management）」を教えてくれたのは州政府の監査官（auditor）でした。アメリカ人らしい陽気な性格で、ノリノリで講義をしてくれました。あるとき先生に「監査はお好きですか？（Do you like auditing?）」とお尋ねしたところ、間髪入れず「もちろん！（Sure!）」という返事が返ってきました。さらに、「大好きだよ！（I love it!)」と追い打ちされました（笑）。真面目な話、監査は自治体の仕事の理論と実践を間近でリアルに学ぶことができ、非常に勉強になるので、将来の自治

体幹部を目指す若手職員がこぞって希望する人気職場なのだそうです。後日インターンでコピー取りをさせてもらった市の監査室の人たちも、非常に生き生きと元気溌剌で仕事をしていました。会計検査院に相当する米国の GAO（Government Accountability Office）も人気省庁ですし、ヨーロッパでも監査の仕事は権威があるようです。どうも、監査の権威が薄くて人気がないのは、日本ならではの特殊事情のようなのです。

監査が機能できなかった利益分配政治の時代

　非常に残念なことですが、かつて、自治体監査が機能できていない時代がありました。1990 年代の半ばくらいまで、日本の政治は利益分配政治でした。政治の腐敗がひどく、行政もそれにつられて弛緩していました。あまりの政治腐敗に改革が叫ばれ、小選挙区制が導入されるなどの大きな政治改革があったのも 90 年代でした。行政についていうと、それまでの好ましからぬ慣行が白日のもとに曝され、厳しく批判された時期でもありました。

　1995 − 96 年（平成 7 − 8 年）には「官官接待」と「公金不正」が明るみに出ました。補助金や許可・認可をもらうために、自治体職員が中央省庁の官僚を接待していたのが「官官接待」で、その費用を捻出するために「カラ出張」などの手口で裏金を作っていたのが公金不正でした。カラ出張というのは出張した事実がないのに旅行命令書を作って旅費の支給を受けることで、こういう不正な公金取扱いが当時の役所では組織ぐるみで行われていたのでした。

　監査の基本動作は「ルール違反を見つけて是正させる」ことです。しかし、もし、役所全体で「基本的なルールを誰も守っていない」状況であったらどうでしょう。「出張した」事実がないのに、みんなが（それも中枢部門が）旅行命令書を作って旅費をもらっていたとしたら、「ルールを守れ」という「正論」を言うことがとても難しくなるのではないでしょうか？

　自治体監査は、長く抑制され、委縮させられてきた歴史があります。粗探し的なことは監査の本来の仕事ではないのにもかかわらず、そのようなことばかりが行われてきたのは、本来監査がやるべきことができなかったためです。

執行部との暗黙の了解のもと、「言われても困らない」枝葉末節についてのみ指摘を行い、仕事をした体裁を辛うじて整えてきたのです。それが「安全地帯における間違い探しゲーム」と揶揄される、自治体監査の委縮し退嬰した姿の正体でした。それは自治体監査の本来の姿ではないのですが、そのような状況では監査が自治体職員から大事に思われないことは無理からぬことでした。しかし、それは監査にとっても地方自治体にとっても（そして国民にとっても！）、たいへん不幸なことでした。

　本当の監査は、自治体にとってとても重要な機能です。

　監査の仕事を始めるにあたり、そこのところをしっかりと確認しておきましょう。

そもそも監査って何？

　さて監査というものはいったい何なのでしょう。

　地方自治法の第199条第1項に「監査委員は、普通地方公共団体の財務に関する事務の執行及び普通地方公共団体の経営に係る事業の管理を監査する」とあるので、監査とは「財務事務」や「経営に係る事業」に関係するものであることはわかりますが、「監査とは何か」という定義は地方自治法の中には書いてありません。

　2019年（平成31年）3月に総務省の研究会が示した「監査基準（案）」[1]においても「当該地方公共団体の事務の管理及び執行等について、法令に適合し、正確で、経済的、効率的かつ効果的な実施を確保し、住民の福祉の増進に資することを目的とする」と「監査の目的」については言及されていますが、「監査」という仕事そのものについての定義はありません。

　では学問的にはどうでしょうか。大学には監査論という講義があって、監査論は公認会計士試験に出題される科目の一つです。監査は一つの学問分野を形成しているほどの専門的業務なのですが、日本における監査論はほぼ民間企業の財務諸表監査についての学問であり、公的部門の監査についてはまだあまり学問化されておらず、政府の監査についての論考もあまりされていないようです。

とはいえ、「監査」の本質は共通しているはずです。

監査論における「監査」の一般的定義は「ある事象・対象に関し、遵守すべき法令や規程などの規準に照らして、業務や成果物がそれらに則っているかどうかの証拠を収集し、その証拠に基づいて、監査対象の有効性を利害関係者に合理的に保証すること」とされています。ここでのポイントは「保証する」というところにあります。

今日最もポピュラーな株式会社に対する公認会計士監査についてざっくり説明するならば「会社の経営や決算報告について、経営者が出資者である株主や資金の貸し手などの利害関係者に損失を与えるような、大きな嘘をついていないということを、独立的立場にあり専門的知見と技能を有する公認会計士が、利害関係者に対して保証する」ということです。今日の公認会計士監査が財務諸表への監査が中心となっているのは、粉飾決算など経営の問題が財務諸表に集中して現れるからです。このように、公認会計士監査とは、会社の経営者が株主等を裏切らないようにするための制度、つまり経営における「エージェンシー問題」に対処するための制度であるということがわかります。

エージェンシー問題って？

エージェンシー問題とは、委託を受けたエージェント（代理人）が、プリンシパル（本人、依頼者）の利益のために委任されているにもかかわらず、プリンシパルの利益に反してエージェント自身の利益を優先した行動をとってしまうことです。時代劇でおなじみの「お家乗っ取りをたくらむ悪家老」や「主人を騙して横領する番頭」などが典型ですが、現代でも「認知症を患った親戚の財産を成年後見人となった者が使い込む」など枚挙に暇がありません。公務員が公金を横領したり権限を悪用して金儲けしたり（汚職）というのも、エージェント（公務員）がプリンシパル（有権者・納税者）の利益を害して自らの利益を図るという、典型的なエージェンシー問題です。

そしてエージェンシー問題は、「現場の実情がよくわからない」という「情報の非対称性」が存在するときに起こりやすいという特徴があります。「自分

4・5月

6〜8月

無事・住民監査請求

9・10月

11・12月

1〜3月

の仕事のことがよくわかっていない」という「バカ殿様」状態になってしまうと、悪家老に付け込まれ、好き勝手されても気づけませんから、お家が傾いてしまいます。国民から政府が遠いと、そこで政治家や官僚が私利私欲に走ってもわかりにくいため、情報公開や説明責任が重要となってきます。そして、そういうエージェンシー問題に対応する手段の中でも、監査は最も基本的で、かつ極めて有効な手段なのです。

監査前史…会計制度のものすごくざっくりした歴史

　シェイクスピアの戯曲「ヴェニスの商人」で、商人アントーニオが金貸しシャイロックから「胸の肉1ポンド」を要求されるはめになった原因は、全財産を積んでいた貿易船が難破したからでした。近代以前の貿易は、成功すれば莫大な利益が得られる反面、しばしば難船し全財産が海の藻屑となってしまう、たいへん投機性の高いものでした。船を用意し船員を雇い商品を仕入れるためには非常に大きな投資が必要でしたから、アントーニオほどの大商人でも船が沈んだら破産でした。でも、それじゃああまりに危険で、よほどの大金持ちか王侯貴族しか手が出せないことになりますので、リスクをヘッジするために株式会社という仕組みが発明されました。世界最初の株式会社がオランダ東インド会社という貿易会社であったのは、偶然でもなんでもありません。

　株式会社とは、出資した額だけの責任を負うという「有限責任」であるところに特徴があります。商人アントーニオは自分の貿易船について全責任を負い、そこから発生する費用・負債についてはすべての責任、つまり無限責任を負っていました。そうすると貿易のようなリスクの高い仕事は本当の大富豪しかできないことになってしまいます（実際にそうでした）。しかし船が沈没しても出資金を失うだけという「有限責任」の仕組みであれば、多くの人が投資に参加でき、多額の初期投資資金を集めるのにたいへん便利でした。ただ、そうすると大勢の出資者に航海が終わる度に「どれだけ利益が上がったのか」を説明する必要が出てきます。そのために「損益計算書（PL：Profit and Loss statement）」が作られるようになりました。株式の配当金とは、まさに「出資

に応じた儲けの分配」でした。そして「今、会社を解散したらいくら返ってくるんだ？」という出資者の疑問に答えるために作られたのが「貸借対照表（BS：Balance Sheet）」だったのです。会社の資産から負債を差し引いた額＝資本（正味財産）がすなわち「会社の現在価値」ということになります。財務諸表の中心であるPLとBSはこうして誕生しました。その作成の文法を体系的に記述したのが簿記であり、それを研究するのが会計学です。西欧で産業革命が起き、鉄道事業のような巨大資本を必要とする事業が増えたため、株式会社制度はどんどん普及していきました。

　ところが、発足したばかりの株式会社制度には大きな欠陥がありました。多数の出資者が存在することを前提とする株式会社においては、株主（所有者）全員が直接経営にあたることは不可能だったからです。何十人、場合によっては何百人もいる株主が全員で経営に口を出したら「船頭多くして船、山にのぼる」ことになってしまうに決まっています。そのため、株主の誰かに、あるいは全く株を持っていない経営の専門家に、経営を委ねざるを得ませんでした。近代株式会社制度における「（法人の）所有と経営の分離」という現象です。「株主は経営を他人に委ねざるを得ず、経営の現場から遠くなってしまう」、すなわち株主（プリンシパル）と経営者（エージェント）の間に「情報の非対称性」が発生し、エージェンシー問題が大発生したのでした。

アダム・スミスの嘆き

　株式会社制度が発足したとき、経営者が株主等の利害関係者の信頼を裏切り、利己的利益を図るという典型的な「エージェンシー問題」が噴出しました。アダム・スミスは1776年に出版した『国富論』において、その状況を以下のように述べています。

　「そのような会社の取締役たちは、自分自身の貨幣よりも、むしろ他人の貨幣の管理者なのだから…自分たち自身の貨幣を見守るのと同じ不安な警戒心で他人の貨幣を見守るとは、とても期待できない」「したがってそのような会社の業務の運営には、多かれ少なかれ、怠慢と浪費がつねに支配的とならざるを

えない」*2

このようにアダム・スミスが嘆くほど、初期の株式会社においては「エージェンシー問題」が頻発していたのです。

雇われ経営者は株主と利害を異にすることがあり得ますし、多くの株主は株価と配当金にしか関心を持っておらず、また経営についても素人であったので、顕著な「情報の非対称性」が存在しました。そのため、アダム・スミスが指摘したような放漫経営の問題が噴出しました。アダム・スミスはその対策としては合資会社のような無限責任制をとるしかないと考えていたようですが、現実には株主の無限責任を追及することではうまくいきませんでした。会社の借金が株主個人の借金とイコールであれば、経営をしっかり監視するだろうという理屈でしたが、近代企業の活動の拡大は企業破綻の際の負債の膨大化を招き、その債務を株主に負わせることで、会社の破綻により実際には経営に関与していない株主が大量に個人破産するという悲劇を招いてしまいました。このような理不尽を排し、出資を集めやすくするために、株主がその出資額の限度においてのみ負債の責任を負うという有限責任制度が確立されることになります。

また、株式という「出資による権利」が証券化され市場で取引されることで、資本の調達が極めて容易となり、現代資本主義がさらに加速されていくことになります。幾度もの大規模な破産事件等の悲劇を経験しながら、19世紀イギリスにおいて会社の会計や経営についてのルール、会社法等の諸制度が整っていきます。その中で、経営者の仕事を調べ、株主に対して「経営者が大きな嘘をついていない」ことを「保証する」監査という仕事が生まれ、会社制度の中に位置付けられていきました。その「保証」の仕事を担ったプロフェッション（専門職）こそが、公認会計士という職業でした。

なお、監査という仕事の黎明期、鉄道会社については早くから監査の制度が導入されていましたが、初期において監査人は株主でなければなりませんでした。自分の財産に関わることだから一生懸命、真剣に監査をするだろうと期待されていたのですが、ほとんど機能しなかったそうです。株主監査人のほとんどが会計の素人で、経営者の虚偽を見抜けなかったためです。そのような失敗を踏まえて、専門職である会計士による監査制度へと発展していくことになり

ます。

　政府の仕事も、税金という公金を国民から預かって行う仕事です。政治家・公務員は、国民のエージェントです。監査は、プリンシパルたる国民に成り代わって、公務員の仕事を監視する役割を負っているのです。すごく、重要な役割だと思いませんか？

コラム

良き執事たれ：スチュワードシップとは

　美智子上皇后さまの愛読書『比類なきジーヴス』シリーズ（P・G・ウッドハウス著、国書刊行会）は、お人よしでちょっと抜けてるご主人様のお困りごとを、機転と度胸で颯爽と解決するスーパー執事のお話です。イギリス人らしい皮肉の利いた、とても楽しいユーモア小説なのですが、執事という典型的なエージェント業務についての洞察を与えてくれる作品でもあります。このご主人様、お人よしなのでジーヴスの前に使っていた従僕からさんざん物を盗まれています。まさに「エージェンシー問題」に悩む典型的なバカ殿様です。スーパー執事であるジーヴスは、もちろんそんな三流なふるまいはせず、ご主人様の財産を守り、さらに増やします。プリンシパルから言われたことがちゃんとできるエージェントは、いちおう給料分の仕事はしていることになりますが、それだけでは二流。一流のエージェントはプリンシパルの期待以上のことを達成するものです。

　英語に「執事」に相当する単語はいくつかあるのですが、代表的な「スチュワード（steward）」という言葉から派生した「スチュワードシップ（stewardship）」という概念は、米国の行政学においては結構重視されています。「監督と報告の責任」（トップからのイニシアチブに対して下位を監督し、結果を上位に報告する責務）という訳語もありますが、もっと広く、重い概念です。一言でいえば「公務員よ、良き執事たれ」というのがスチュワードシップという理念です。まずはご主人様の利益を損なわないこと。そして、可能な限りご主人様の手を煩わせないこと（些細なことについてまでご主人様の指示を仰ぐ執事は無能）。目指すのは、ご主人様の期待を超えた成果を挙げることです。まさに、公僕（public servant）

の理想形を追求することが、スチュワードシップということになります。

　ジーヴスはしばしばご主人様が思いもつきもしなかったような形で問題を解決し、ご主人様を驚かせると同時に読者を楽しませてくれますが、行政のイノベーションも全く同じだと思います。地域住民や首長に言われたことを「こなす」だけでは二流のスチュワードです。市長や住民が思いもかけなかった解決法を生み出す「行政のジーヴス」になることこそ、21世紀の行政パーソンが目指すべき理想なのではないでしょうか（もちろん簡単にできることではありませんが）。

さらに、政府固有の弱点 ——フリードマン先生の鋭すぎる指摘

　ミルトン・フリードマン（1912 – 2006年）は、ノーベル経済学賞を受賞したアメリカの経済学者ですが、有名な著書『選択の自由』において、政府の福祉政策について次のように述べています。

　「官僚は、誰か他人のおカネを、誰か他人のために消費している。このような状況下でも、官僚がそのおカネを受益者にとってもっとも利益のあるようなやり方で消費することを確実にするためには、人びとに根強くある「自己愛」という強く依存することができる動機に拍車をかけるのではなくて、人道主義に満ちた親切心をあてにする以外に道はない」[3]

　自分のお金であれば「節約しよう」という欲求が強く働きます。またそのお金の使途が自分のためであれば、「より多くの価値を得たい」と考えます。日常の経済活動で私たちは無意識にこのような選択を行っています。例えば昼食にラーメンを食べに行くとき、同じ価値（量や味が同じ）ならば安い方を選びますし、同じ値段であれば味が良い／盛りが良い（価値が高い）方を選びます。このように私たちが「自己愛」に基づき自己中心的に行動することで、マーケットにおける競争原理が働き、「安くて良いもの」が供給されるようになります。人間の欲望のままに行動したらみんなが幸せになれるというマーケット・メカニズム、これはアダム・スミスが「神の見えざる手」と呼んで称賛した、自由主義経済の優れた特質です。

ところが、政府の活動には全くこのメカニズムが働きません。もちろんそれは当たり前の話で、マーケットが解決できない問題（企業が供給できる財やサービスでは解決できない問題）が、政府の仕事として与えられているからです。つまり、マーケット・メカニズムが全く働かないところが、政府の仕事になります。生活保護などの福祉政策が典型ですが、資本主義社会自身が生み出した貧困の問題を、マーケット・メカニズムが自動的に解決してくれることはあり得ません。どんなに資本主義が進化しても、マーケットが解決できない問題は残り、政府による適切な介入が必要です（むしろ資本主義が高度に発達すればするほど、洗練された形で政府が介入することが必要になります。例：金融政策、公正取引の規制、独占禁止、労働規制、安全規制などなど）。

　さて、生活保護費の原資はもちろん税金です。福祉政策を実施する公務員にとって、そのお金は「与えられたもの」であり、決して「自分のお金」という実感のあるものではありません（もちろん「自分のお金」だったら赤の他人に毎月何万円もお金を渡すなんてこと、心理的にも経済的にもできるはずがないわけですが）。そのため、税金を「自分のお金だから大事に使おう」という感覚は持ちようがありません。

　また、公金で「より多くの価値を得よう（自己利益を得よう）」とすることは、とてもヤバい行為です。公務員が与えられた予算や権限で「美味しい思い」をすることは、ほぼ腐敗行為とイコールなので、基本的にアウトです。公園管理課長が、公園の芝刈りの予算で自宅の庭の芝刈りをしたら、新聞沙汰のスキャンダルになりますよね？　近代国家においては、政府の腐敗を防ぐために公務員はガチガチに規制されています。政府の腐敗は、資源配分を歪めて経済を非効率にするだけでなく、国民の不満を招き政府の正統性を損なう大変危険な現象だからです。したがって、公務員は予算の支出をどうしても「他人事」と感じがちです。それは公平な行政運営に必要なことではありますが、業務の有効性（より多くの価値を達成しようとすること）については、感度が鈍くならざるを得ません。

　実際、委託業務の監査をすると、仕事に追われている職員さんたちが、「仕事の成果」についての関心を鈍らせているのがよくわかります。A公園とB公園の除草の委託の報告に、全く同じ写真（A公園の除草作業の写真）が添付

されていたことに気づかないとか…（ほとんどの場合、業者さんの不注意による単純ミスです。しかし、最悪、委託業者がB公園の作業をせずに詐欺的に請求した可能性もありますので、役所は絶対にB公園の写真を確認すべきなのです）。公務の現場では、入札して契約して請求書をもらって支払いをするという「事務作業」に追われていて、自分の実感に直接働きかけてこない「仕事の成果」について注意を払うことが疎かになりがちなのです。

　フリードマン先生のおっしゃるとおり、政府の仕事については「より節約しようという欲求」も、「より多くの価値を得ようという欲求」も、ほとんど働かないのです。これが、民間企業にはない、政府固有の弱点です。フリードマン先生、鋭すぎます。

だからこそ「自分のお金だったら」という問いかけは有効です

　公金は納税者から「預かった」お金ですから、公務員が恣意的に使ってよいものではありません。だから、契約にせよ支出にせよ、民間企業ではあり得ないほどガチガチに規制されていて手間がかかります。公務員が予算の支出によって個人的な利得を得ることも厳しく規制されているので、自分のお金を使うように「お金を大事に使う」感覚は、持ちようがありません。

　でも、だからこそ、監査の現場で「自分のお金だったら、このような使い方をしますか？」という問いかけが有効なのです。もちろん、その意味は「もう少し丁寧に考えて、節約や効果的な執行に努めてください」ということです。自治体職員は真面目なので、そう言われると多くの方が「はっ」と胸を衝かれたような顔をします。なお、「自分のお金だったら？」との問いかけに「自分の金だったら、こんなことに使わず飲みに行くのに使うぜ！」という回答をすることは、いささか横着ですが論理としては間違っていません（笑）。しかし、そういう回答をする職員さんを私はまだ知りませんので、この問いかけはたいへん有効だと思います。

だからと言って政府が非効率であってよいはずがない

　フリードマン先生たち新自由主義学派の政府についての議論を、ものすごく乱暴にまとめると、「政府の非効率は避けられない」「だから、政府はできるだけ小さい方がよい」ということになります。うん、前段の分析は正しいです。でも、政府は小さければ小さいほどよい、とは思いません。防衛、治安などの古典的夜警国家機能に加えて、自由主義経済をそのまま放置すると所得の格差がどんどん大きくなって世の中がギスギスする（ひどくなると内乱や戦争の原因になる）ので、所得の再分配を政府がやらなくてはいけません（イギリスの「EU離脱問題（Brexit）」の背景には、緊縮財政による福祉の大幅カットによって、英国民が不満を募らせていたことがあったと言われています）。マクロ経済運営でも政府の役割は重要ですし、何より社会の変化によって生じるさまざまな問題を解決する主体は、政府しかありません。経済政策を適切に行わないと国民の死亡率が上がるという研究すらあります[4]。

　例えば、昨今の日本で問題になっている「空き家問題」を、民間企業がビジネスベースで解決できるでしょうか？　民間企業だけで解決できるのであれば、とっくに「空き家対策業界」ができて活発にビジネスをしているはずです。参入規制はないのですから。

　どんなに資本主義が高度に発達しても、マーケットで解決できないものは残り、政府の仕事がなくなることはありません。むしろ、人口が減っていくこれからの日本では、政府の、とりわけ地方自治体の仕事は絶対に増えると思われます。社会の変化で「困っている人」が増えるからです。人口減少により税収も減るなか、増大し困難化していく仕事を自治体がこなしていかないと、絶対に日本の社会は回らないと思います。少なくなる資源で増える仕事をこなすためには、効率化しないわけにはいきません。

監査は役所のたった1人の主治医！

　フリードマン先生のご指摘のとおり、効率性と有効性において政府は民間企

4・5月

6・8月

無料 住民監査請求

9・10月

11・12月

1・3月

業より不利な性質を持っています。放っておくと非効率になりがちなのは、政府という組織の本質です。

しかし、だからこそ、監査のような人為的な仕組みが重要なのです。

そのまま放置すると政府は必ず非効率になります。だから、きちんと制度的な手当てを行い、非効率を防がなくてはなりません。監査は、そのための代表的な手段であり、今のところ最も有効な手段です（だからあらゆる国で政府を監査する機関が置かれているのです！）。政府における不正・不当・不合理・非効率を人為的にチェックするのが、監査の役割です。

自由主義経済を代表する組織形態である株式会社だって、200 年前は非効率と浪費の塊でした。政府だって変えていけるはずです。

監査の役割は、医者と似ています。監査は、あなたの役所がひどい病気になるのを防ぐことができる、たった 1 人のホームドクターなのです。もちろんスーパードクターではなく、あまり医療技術の高くない時代の医者です。誠実ですが、難しい手術はできません。しかし、組織を健康に保つためのアドバイスをし、患者さんが不摂生しないように監視することは、とても意義のあることです。

監査は、大事な仕事です。

是非、そのことを肝に銘じてこれからの仕事に取り組んでください。

例月現金出納検査

毎月やらなければいけない例月現金出納検査。根拠法令は地方自治法第235条の 2 第 1 項で、「普通地方公共団体の現金の出納は、毎月例日を定めて監査委員がこれを検査しなければならない」とされています。

地方自治法は 1947 年（昭和 22 年）に制定された古い法律ですが、現金管理の仕組みについてはわりとよく考えられており、一般職員が予算の執行をするときに現金を全く取り扱わないで済むようにできています。現金出納の事務を会計管理者[5] に集中させ、職員を現金管理のリスクから守っているのです[6]。

そのうえで個々の支出にあたっては適正性の審査を会計管理者が行うとい

う、内部統制のお手本のような仕組みになっています。この仕組みにより自治体職員は現金管理の責任とわずらわしさを免れているのですが、逆に言うと現金管理リスクが会計管理者とその部下に集中していることになります。巨額の現金を一手に取り扱う会計管理者が「悪い心」を起こしたら大変です。会計管理者（またはその部下）が着服事件を起こしたら被害は甚大なものになります。そのような事件を防ぐため、毎月、第三者である監査委員に現金出納を検査させ、現金の収支尻が書類帳簿上の有高と合致しているかどうかを確認しているのです。会計管理者に集中している現金管理リスクをコントロールするための、大変優れた内部統制です。

　ただ、地方自治法制定時には想定されていなかった社会情勢の変化により、会計管理者の機能と例月現金出納検査の意義も変わってきています。かつて（昭和の時代）は、工事完了検査書を握りしめてやってきた地下足袋姿のおじさんが、会計課の窓口で何百万円もの現金を受け取って帰るという光景が普通にありました。その時代の収入役室の金庫には、何億円もの現金がうなっていたものでした。しかし今日、銀行との決済はすべてオンラインになり、工事代金の支払いもすべて振込みになっています。もはや会計室の金庫に巨額の現金が置かれていることはありません。このような現状では会計管理者における現金管理リスクはすでに相当程度低減しているので、例月現金出納検査の意義は相対的に低下したと言えます（収入支出のほとんどがオンラインで処理されている今日、現金預金有高と帳簿残高は「合うに決まっている」という状況に近くなっています）。もちろん、月締めで関係書類をチェックし、現金預金の現在高と突き合わせることは、「決算審査の前倒し」としての意味がありますから、決して無意味ではありません。実際、企業会計における仕訳の間違いが見つかったりするので、例月現金出納検査はやる意義があります。ただし、かつてのように現金事故を防ぐ牽制としての意義は非常に薄れたということです。なお、会計の審査をもう一度、例月現金出納検査でチェックするという作業に多大な労力をかけることは、あまり意味がないと思われます。支出の内容の詳細は会計課に来ている書類だけではわからないので、定期監査等で取り組む方が合理的でかつ効率的です。

5月 監査初心者のために。まずは基本から

　監査事務局に配属されて、緊張していることと思います。「自分はそんなに会計や契約に詳しいわけではないのに…」という戸惑いと不安、よくわかります。しかし、みなさんが役所に入ってこれまで経験してきた仕事、それはすべて監査の仕事に役立ちます。監査の仕事で大事なことは、監査する相手の仕事を「よくわかっている」ことだからです。法令や制度についての知識、役所内の人脈、業務における経験等、これまで積み重ねてきたことのすべてが、監査を行うときに役に立ちます。

もし新規採用職員が配置されたら？

　本人にとっても職場にとっても試練です。監査を行うためには最低限の財務事務についての知識が必要なので、一からそれを学ばなければいけない新人は大変です。また、監査では「指導」を行うことが多いのですが、その際には一定の「貫禄」があった方が何かとスムーズにいくのは事実です。多くの自治体で、監査事務局にベテランの職員が配置されているのは、理由のないことではありません。自戒を含めて申し上げますが、年下の人間から「指導」を受けるとムッとなりやすいのが人間の性だからです。

監査初心者のための研修案（骨子）

　決算審査で忙しくなる前の5月、研修や資料整理などの勉強を行える時期です。5月にも定期監査等の監査日程を入れている自治体もありますが、人事異動の直後で落ち着かないこと、後ろに決算審査の業務が控えていて日程に余裕がないこと等から、研修等の期間と位置付けているところが多いようです。

　新規配属職員のための研修を、まずはしっかりと行いましょう。

　次に示すのは、私が新規配属職員を迎えたらお知らせしたいと思うことをま

とめた研修例です。財務監査である定期監査を想定した骨格的なものなので、各自治体で実情に応じていろいろ肉付けして使ってみてください。

基本用語：「指摘」と「指導」

　自治体監査の実務における基本用語に「指摘」と「指導」があります。

　「指摘」とは、監査報告書に掲載し、公表される事項です。比較的に異例重大な事柄が該当します。

　「指導」は、行政内部の文書では通知しますが外部には公表されない事項です。相対的に定例軽易な事柄が該当します。

　本書において「指摘」や「指導」という言葉が出てくるときは、基本的に上記の意味で使っています。指導事項のことを注意事項と呼ぶところもあり、呼び方はさまざまですが、「公表しない」「比較的軽易な事柄」という点では共通しています。

　「指摘」も「指導」も、法令上に規定はなく、自治体監査の実務上の必要から生まれてきた概念なので、定義が曖昧なところもありますが、実務上、結構重要な概念です。監査に入って把握する事実は山ほどありますから、そのうちのどれを公表して是正を求めるかを決めることは、自治体監査の実務において最も重要なことだからです。

コラム

会計検査院における「指摘」の定義

　法令上の規定がないにもかかわらず、日本中の監査委員事務局でほぼ例外なく「指摘」という用語が使われています。その意味するところも、微妙な違いはあるにせよ、ほぼ同じです。ということは、全国的な影響力を持つ存在の影響が考えられます。そういえば、自治体監査に大きな影響を与えてきた国の機関がありました。そう、会計検査院です。

　会計検査院のウェブページでは、毎年の「検査報告」に記載される事項のうち

次の４種類の「不適切な事態」の記述を「指摘事項」としています[7]。

（1）不当事項

　検査の結果、法律、政令若しくは予算に違反し又は不当と認めた事項

（2）意見を表示し又は処置を要求した事項

　会計検査院法第34条又は第36条の規定により関係大臣等に対して意見を表示し又は処置を要求した事項

（3）本院の指摘に基づき当局において改善の処置を講じた事項

　本院が検査において指摘したところ当局において改善の処置を講じた事項

（4）特に掲記を要すると認めた事項

　検査の結果、特に検査報告に掲記して問題を提起することが必要であると認めた事項

　（1）～（3）について会計検査院の「きっずページ」には次のようにわかりやすく説明してあります[8]。自治体監査における指摘を考える際に参考になると思います。

（1）不当事項

　税金が、その使い道を決めた予算や法律、そのほかいろいろなきまりどおりに使われていなかったときに、「不当事項」として指摘します。

この場合、まちがった使われ方をした税金は、国に返してもらうことが多いです。

（2）意見を表示した事項、処置を要求した事項

　ちょっと長い言葉ですね。これには、まず、

（ア）　まちがった使われ方をなおし、また同じようなことが起きないように、ちゃんとした対策をするように求めた指摘があります。

もう一つは、

（イ）　いろいろ調べたところ、まちがった税金の使われ方が、法律や、そのほかのいろいろなきまりが原因だったときに、法律や、いろいろなきまりについて、だれが読んでも分かるようにするように意見を言う指摘があります。

（3）処置済事項

　会計検査院が、検査のとちゅうに、上の（2）の指摘をしたところ、指摘をされたところが、これをきっかけに正しくなおしたものです。

監査論における「指導的機能」との違い

2019年（平成31年）3月に総務省から公表された監査基準（案）の実施要領（案）[9]には、監査委員は「指導的機能を発揮するよう努める」とされています。ここで言う「指導」とは、「内部統制の重大な不備について速やかな是正を指示する」ことや、「事業の管理が経済的、効率的かつ効果的に行われていない事例に対して、改善策を提言する」等が該当するものであり、自治体監査の現場でいう「指導事項」のような軽易な誤りを指しているものではありません。

これは監査論における「監査の指導的機能」を発揮せよ、ということであり、地方自治法第199条第10項にある「監査委員の意見提出」あるいは2017年（平成29年）の法改正で同条第11項に導入された「監査委員からの勧告」等によって対応すべきものであると思われます。同じ「指導」という言葉が使ってあっても、意味するところは大きく違うので、注意が必要です。

監査を実施する前の諸準備

（1）予備知識を習得しよう

○前任者から引き継いだ前回・前々回の監査復命書[10]の復習

どんなことを指導・指摘しているのかをしっかり読み込みます。

復命書に載っている指導事項の大半は、印漏れや日付の記載漏れといった「定例軽易な間違い」ですが、これらの比較的見つけやすい間違いも、実務的には結構重要です。指摘に値するような「重要な間違い」というものはそうそう発生するものではなく、また発生していても簡単に見つかるものでもないので、そればかりを探していたら復命書に書けることがなくなってしまいます。白紙の復命書を出すわけにはいかないので（監査委員が全然仕事をしていないように見えてしまいます）、前回・前々回の復命書に記載されている内容を読み込んで、その所属における「定例軽易な間違い」の発生パターンを把握するよ

うにしましょう。多くの監査事務局ではそういう「よくある間違い」が発生するところをまとめたチェックリストを作っているかと思います。そして実際の監査に入ったとき、まずは定例軽易な指導事項を手早く見つけて復命書に書くことを確保し、それから「気になること」「疑問に感じたこと」を掘り下げていくことが時間を有効に使う方法だと言えます。

○内容が理解できなければ、根拠を勉強！

指摘・指導の内容が理解できなければ、会計規則、契約事務規則、それらの規則主管課が作った「事務の手引き」等を参照しながら勉強する必要があります。もし監査事務局で整理したマニュアル等があれば、とても助かります。また、基本的なチェック事項をまとめた「チェックリスト」は、監査初心者にとってはとてもありがたいものです。

これまでに会計・経理事務の経験がなければちょっと大変です。会計事務マニュアルや契約事務の手引き等を必死になって勉強しなければいけません。

このとき、監査事務局内で「教えてもらえる」雰囲気があるかどうかが、とても大事です。来たばかりで右も左もわからない職員さんが困っていたら、是非優しく教えてあげてください。彼／彼女に早く戦力になってもらえれば、結局自分が助かるわけですから。

○複式簿記の知識は必須

公営企業の決算審査、指定管理者監査や出資団体監査など、監査事務局職員には複式簿記の知識が必須です。本来であれば着任後、公費で簿記学校等へ派遣される研修があってよいくらいなのですが、そういう予算がなければ自学するしかありません。簿記というのは語学と似ていて、集中して体系的に学んだ方が、圧倒的に理解が早くなる性格の知識です（監査業務の中で遭遇する会計用語をその都度学んでいくというやり方はお勧めできません。貸方と借方に同時に同じ金額を仕分けするといった、複式簿記の体系性を理解できていないと、いたずらに混乱し疲弊してしまうからです）。自分で学校に通うか、あるいは最近ではインターネット通信講座があるので、自宅で比較的安価に学ぶこともできます。

○監査に行ったあとに復命書を書く作業が大変

監査に行く前に準備をしておきましょう。監査に入る前に復命書のフォーマットに、監査対象課・監査日・事務分担・監査する帳簿（予定）等を記載しておくと、監査実施後に少しはスムーズに復命に入ることができます。

（2）予習をしよう！

監査を実施するときに、最も重要で、最も貴重な資源は、「時間」です。事前にわかることは事前に調べておきましょう。

電算データを積極的に活用しましょう。備品台帳、負担行為書、調定書など、財務会計システムから出せるデータはチェックしておくべきです。

紙ベースで出された資料でもチェックできるところはしておきましょう。被監査所属の仕事について、資料を読み込んでできるだけ理解しておくことが大事です。「予習」しておけば、監査に入ったとき「本論」にすぐ入れます。

○財務システムの閲覧権限は、必ず確保

今日、財務事務を手作業だけで行っている自治体はほとんどないと思います。どこの自治体でも財務オンラインシステムを使って事務を処理しているはずです。監査を行うにあたり、全庁の財務オンラインシステムデータについて閲覧する権限を、監査事務局で必ず確保してください（データを改変する権限は不要です。閲覧権限だけが必要です）。電磁的記録は、公文書です。どこの役所の文書規則でも情報公開条例でも、そう規定してあります。役所の作成した公文書について監査委員が閲覧できるのは当然です（もちろん紙の文書と同様、監査委員と事務局職員には守秘義務があります）。万が一、システム上の閲覧権限がないようであれば、会計課など財務オンラインシステムの主管課に掛け合って閲覧権限を獲得してください。そうすると、被監査部局の手を煩わせることなく、最新の正確な資料が得られて、とても便利です。合わせて、検索機能も使えるようにしてもらいましょう。検索機能を使えば「年度末の多額の消耗品の購入」であるとか「高額備品の購入」など、監査に生かせるデータを容易に得ることができます。コンピュータを活用した監査のことをCAATs（Computer Assisted Audit Techniques：コンピュータの支援による監査技

法）と言います。機械をうまく使いこなしてください。

○「取り寄せ監査」と「出かける監査（往査）」

　現在の自治体監査の実務のやり方には、大きく分けて「取り寄せ監査」と「出かける監査（往査）」があります。監査でチェックする書類を「取り寄せて」監査事務局内で書類を見るのが「取り寄せ監査」、監査事務局職員が被監査部局に出かけて行ってそこで書類を見るのが「出かける監査（往査）」ということですが、どちらかに決めないといけないというものではありません。本庁は出かけて行き、出先は取り寄せにするなどの組み合わせもよく見られます。ただ、仕事の段取りが大きく異なるため、下記に掲げたようなそれぞれのやり方の得失を考慮して、どのように監査を実施するのか方針を決めておく必要があります。

取り寄せ監査	出かける監査（往査）
○比較的自分のペースで書類が見れる ○往復の時間のロスがない ×預かった書類を管理する責任がある（紛失のリスクがある） ×関連する書類を見たいと思っても取り寄せるのに時間と手間がかかる ×現年度の書類を預かると原課の仕事が滞る	○書類の管理責任がない ○関連する書類を見ることが容易 ○質問を現場で直接担当者に聞ける ○現場を直接見ることができる ×相手の負担が大きいので短期集中的に実施する必要がある ×出かけるため往復の時間と旅費がかかる

※○…メリット、×…デメリット

　おおまかに、たくさんの書類を短時間に見るときは「出かける監査」、深くしっかりと見たいときは「取り寄せ監査」が適しているようです。もちろん、不正の疑いがあり証拠を確保しなければいけないようなケースでは、当然に「取り寄せ監査」になってしまうわけですけれども……。財務書類には個人情報が多く記載されていることから、取り寄せた書類の管理は厳正に行う必要があります。

　なお、監査にあたって「現場を見る」ことはとても重要なので、「取り寄せ監査」を行う場合でもできるだけ業務執行の現場を見に行くことをお勧めします。書類をいくら読み込んでもさっぱり理解できなかったことが、現場の実態を見たら一発でわかることもあります。「百聞は一見に如かず」は監査においても真理です。特に、指定管理者への監査のように「現場の管理状況」を把握

することが非常に重要な監査においては、「現場を見る」ことは絶対的に必要であると言えます。

　また、内部統制制度の強化が求められているなか、総務省が公表した監査基準（案）の実施要領（案）にも「内部統制に依拠した監査」として、内部統制制度が導入及び実施されていない団体（都道府県・政令市以外の自治体）においては、内部統制の整備状況及び運用状況についての情報を、監査委員が収集する必要があるとされています。その際、「業務のマニュアル等関連文書の閲覧」「ルールに即して業務が行われているか等内部統制に関係する適切な担当者への質問」「業務の観察」等を行うように求められているので、監査が「現場を踏む」ことの重要性は、さらに増していると言えます。

○「出かける監査（往査）」の場合、1人で実査に行かないこと！

　「出かける監査（往査）」特有の問題ですが、「何人で出向くか」という問題があります。これも決まり事はありませんが、経験上「1人で行く」ことは問題があると考えています。1人で行くと次のようなリスクへの対応が困難になるからです。

- 実査先の「知り合い」から「手心」を加えてもらうよう頼まれるリスク
- 現金や金券の確認の際の、紛失や残高不一致のリスク
- 監査で発見した事実についての記憶違いのリスク
- 相手の発言について「言った、言わない」のトラブルが生じるリスク　等

何より、たった1人で「アウェイ」なところに行くのは心細いです。最低でも2人以上で行ける体制をつくるように努めてください。

コラム

和やかな監査妨害

　監査先の所属長は、昔お世話になった先輩。到着すると「おお久しぶり！　よく来てくれたね。元気にしてた？」と大歓迎してくれた。「まぁお茶でもどうぞ」と言われて美味しそうなスウィーツが出され、近況や共通の知り合いの噂話に花が咲いた。そうしてはっと気がつくとすでに1時間以上が経過していた。それか

ら慌てて監査に入ったものの、出遅れが響き、予定していた範囲を見ることができなかった。『そういえば、この先輩、あたりは柔らかいけど結構食えない人だったよなぁ』と思い出したが後の祭り。その所属への監査は浅いものにとどまってしまった。

　こういうこともあるので、1人で監査に行かない方が良いです、というお話です（ついでに、茶菓の接待は「簡素なもの」でないといけませんよね）。

（3）さあ監査を実施しよう（出かける監査（往査）の場合）

　さあ、いよいよ監査本番です。緊張していませんか？（笑）

　監査を受ける側だったころ「今日監査が来る！」というときはドキドキしていたと思いますが、監査に行く方はもっとドキドキしているものです。だって他人様のホームグラウンドに乗り込むのですから！（「取り寄せ監査」の場合、監査開始のセレモニー的なもののあとは、持ち込まれた書類を監査事務局内で見ていくので、その点は気楽です）

○監査に出かける前に

　まずは、身だしなみを点検しましょう。名札はきちんと着用していますか？（かつて名札規程があまり遵守されていなかった時代がありましたが、その時代でも監査事務局職員はきちんと名札を付けていました）

　スーツまたはきちんとした服装をしましょう。夏はもちろんクールビズで構いませんが、地味で真面目な服装を心がけてください。監査の仕事中はあなたの素敵なファッションセンスは封印してください。公務員の場合、奇抜なファッションの職員はほとんどいないと思いますが、ときどき「だらしない」格好の職員さんを見かけるので注意が必要です。ズボンに折り目はついていますか？　髪の毛に寝癖がついたままではありませんか？　シャツに食べこぼしがついていませんか？

　監査を受ける相手の気持ちになってみてください。そんな「だらしない」格好をした人から、自分の仕事についてあれこれ言われると腹が立ちますよね？　それでなくても監査を受ける側からは疎ましく思われやすい仕事です。

身だしなみを整えておくことは、相手に対する敬意の表れです。きちんとした格好で監査に臨むのは、「つまらないことで相手の感情を傷つけ、ギスギスした関係になることを防ぐ」という自己防衛のためでもあります。

○相手先に到着してまず行うこと

　監査する部署に到着したら、書類をチェックするための場所（会議室など）が用意されていると思います。経理関係の書類が集積された部屋で、監査される課の担当者が待っていてくれるはずです（相手方の管理職が挨拶しに来るかどうかなどは、自治体によってまちまちです）。

　監査を始める前に、まずはご挨拶です。社会人としての礼儀ですね。

　自己紹介（所属・氏名）をしたあと、監査の目的を説明しましょう。これ、意外とみなさんされていないようですが、とても大事なことです。

　「みなさんご承知のことですが」と前置きして、公務員の不祥事に関する市民の厳しい目と厳しい処分があることを語り、「そのような悲劇を防ぐために」仕事をチェックするのが監査の目的であることを、しっかり説明してください。「監査はみなさんのお仕事の粗探しをするものではありません！」と、はっきり言い切ってください。「監査の目的は、不祥事などから職員を守ることにあります」そう、熱く語ってください。口幅ったいとは思いますが、監査という仕事に対する誤解を解くためには、言わざるを得ません。

　このように監査の意義を明確に相手に伝えることは、監査のイメージアップ以外にも実質的な効用があります。「業務リスクをなくすことが監査の目的です」と説明して、「もしみなさん何かお感じのことがあれば、あとからでも良いので、是非それも教えてください」と伝えておきます。そうすると、当日または後日に、重要な情報を被監査部局の担当者から得られることがあるのです。「この仕事のやり方はおかしいと思うのだけども、上司に相談しても話が進まなくて…」というような「相談」を受けることが、稀にあります。そういうケースではその仕事のやり方はたいてい本当に問題ありなので、監査で指摘して改善できます。たいへん良い監査をすることができるわけです。なお、このとき情報源は絶対に秘匿しなければなりません。もし「○○さんから聞いた」ということが当該部局の人にわかってしまったら、監査を信頼して情報を

くれた人が窮地に陥ってしまいます。それは人としてやってはいけないことですし、その後庁内で監査に情報を提供してくれる人はいなくなってしまいます。情報源の秘匿は絶対事項です。そしてそれは、監査の場合、大して難しいことではありません。監査では実際に書類を見て調べるので、「見つけられた」ことに対して被監査部局の人たちが「誰が漏らしたんだ！？」と疑問に思うことはないからです（そこがマスコミ等へのリークとは違うところです）。それが自治体監査の強みでもあります。ただそうは言っても、情報源の秘匿は監査の信用にかかわる本当に大事なことですので、しっかり口にチャックしておきましょう。

○監査開始！

さあ、監査の始まりです。時間を有効に使って、できるだけたくさんの書類を見ていきましょう。

① 金庫・金券の確認

職場に金庫があったら中身を確認します。大きく立派な金庫ほど、中身を確実に点検しましょう。今どき職場で現金を扱うことはほとんどなく、日常的に金庫を使うことが少なくなり、「不用品置き場」的な使われ方になっていることが多いからです。金庫の中に過去に処理しておかなければならない手続きの書類が眠っていたり、出所不明な現金などが入っているケースもあります。職場の金庫を「ごみ箱」にしないように、必ず点検します。

物品管理事務がその所属の仕事として事務分担されていれば、物品出納簿と現物（乗車券・切手等の金券類）の照合確認をまず行います。監査を実施している時間中に、業務で使用する必要が発生するかもしれないためです。現物の点検と台帳の整理は、「監査準備」として行うべき典型の仕事なのですが、最近は、各課の繁忙化のせいでしょうか、残高があっていないケースが増えている気がします。

金庫・物品出納簿と現物の照合は、チェックリストを利用しましょう。数字の不一致があったら、確実に相手に確認させます。その場にいる被監査所属の職員さんに最初から「数えてもらう」ようにお願いするのも良い手です。

タクシーチケットの使用状況や保管状況も要チェック。説明のつかないような不適正な使用や責任者印のまとめ押印などがないかどうか確認します。

② 前回のフォローアップ

前回の指摘・指導事項が改善されているか確認しましょう。

印漏れ、日付漏れ等の定例軽易な間違い（指導事項）については当然に前回も指導されているので、極端に多いなどの異常事態でない限り問題にする必要はないのですが、重要な事柄であるにもかかわらず改善されてなければ指摘を検討しなければなりません。指摘をするかどうか微妙なケースで「これは改善してくださいね」と約束したにもかかわらず、改善されていないケースがあります。この場合、よくよく事情を聴かなければなりません。特段の理由なしに監査との約束が守られていなければ、きつく注意したうえで指摘しなければなりません。

③ 質問と記録

わからないことはどんどん質問しましょう。

書類を見ながら疑問に思ったところに付箋をつけていって、ある程度まとめて被監査部局の担当者に聴きます。疑問が出る度に質問するのは時間的に効率が悪いからです（回答もまとめてもらいます）。

とは言っても、はじめのうちは何を質問していいのか、それ自体がわからないかもしれません。基本は、通常のパターンから外れたイレギュラーな処理について理由等を聴いていきます。書類に記載してある業務内容の詳細について聴くのもよいことですが、時間が限られているので、財務事務のルールに関係することを中心に聴いていくことになります。監査事務局として例えば「契約事務についてのチェックリスト」のようにチェックポイント集を作っているところもありますが、チェック項目そのものが膨大なので、結局のところ、そのなかのどれを聴いていくのかは経験がものを言うことになります。膨大な情報の海で溺れないように、経験を積んで適切な「問い」を発することができるようになってください。

なお、やや高等戦術ですが、たまには「知らないふり」をすることも有効で

す。「なんでこんな処理を？」と思うような変な事務処理を見つけたときに頭ごなしに「ここ間違ってますよ」と言うのではなく、「どうしてこのような処理をされたのですか？」と聴くことで間違いの原因がわかり、より適切な指導ができることがあります（時間の余裕がないとできませんので、ベテランでないと使えない「ワザ」ではありますが）。

ハンロンの剃刀（Hanlon's razor）

　「机の上のお茶は、いつも最も重要な書類の方に向かってこぼれる」とか「ミスタイプのある書類は必ずその場のいちばん偉い人のところに配られる」といった「法則」の形で語られたジョークを「マーフィーの法則」と言いますが、そのバリエーションの一つに「ハンロンの剃刀」というものがあります。「愚かさによって十分説明されることに、悪意を見出してはいけない」というものですが、監査の現場ではジョークではなく現実に役立つ心理法則です。

　監査の場で質問していると「えっ！」と思うような説明をされることがあります。「なんということを！　これは指摘せねば」と思うようなとんでもない説明を受けたので、復命書にもそう書いて上司に報告し、正式に被監査部局に文書で照会をかけたところ、ごく真っ当な回答が証拠付きで返ってきて、肩透かしを食らったような気分になることがあります。事務処理が間違っていたのではなく、説明の方が間違っていたのです（しかも、かなりとんでもなく（笑））。

　これは、最初に説明してくれた職員さんが「よくわかっていなかった」ために起きる現象です。まさに「愚かさ（無知）」によるものであり、決して監査に対して悪意があるわけではありません。現場で説明してくれた職員さんが、必ずしもその事務処理を行った当人であるとは限りませんし、そもそも財務事務のルールをよくわかっていないことは（残念ながら）よくあります。よくわかっていない職員さんが言い訳をしようとして焦って説明し、墓穴を掘ることはわりとよくあるので、監査としては心得ておくべきことです。そうでないと、「嘘をつきやがって！」「俺を騙したのか？！」という気分になってしまって、精神衛生上よろしく

ありません。「あー、単にモノを知らんだけだったのね」とサクッと「剃刀」で切り捨てるように割り切った方が、絶対にストレスにならないと思います（ちなみに「ハンロン」というのは、この「法則（ジョーク）」を初めて報告した人の名前だそうです）。

質問するときの基準は、当然「自分の常識」です。財務事務のルールだけでなく、必要性や経済性についても、「自分の常識」と照らし合わせてみましょう。また、みなさんが感じている「市民の常識」も判断の根拠になります。「そのご説明で、市民に納得してもらえると思いますか？」というのはややキツい言い方ではありますが、有効な投げかけです。「自分のおカネだったらそういう使い方をされますか」という問いかけと合わせて使ってみてください。

できることなら、監査実施時に疑問点等は質問し回答を得て解決しておくと、復命書をサクサクと書いていくことができます。その場で解決できなければ、復命書作成に間に合うように日限を決めて回答してもらうことで、のちに書面で行う「事実確認照会」での手間を減らすことができます。

山のような書類を見ていると疑問点もいっぱい出てきます。とても覚えきれません。しかも次の日には別のところに監査に行かなければならなかったりします。あとから「あー、なんか気になったことがあったんだけど、何だったっけ？」と思っても、もう遅い。思い出せるわけがありません。だから、「あれっ？」と思ったことはその場で必ずメモを取りましょう。そして、関係する書類のコピーと関連付けて記録しておきましょう。ノートは必ず持参してください。

「何か引っかかるなあ」という感覚を大切にしてください。その「引っかかり（＝直感）」を掘り進むと、問題発見につながることがよくあります。「あれ？」と思ったらそのことについて深く聴き、資料を集めましょう。何か重大な問題が発見できるかもしれません（もちろん、「大当たり」というものはそうそうめったに出るものではありませんが）。

職業的懐疑心（Professional Skepticism）

　職業的懐疑心とは、プロの監査人に求められる心の持ちようです。人間、誰しも間違いや失敗は隠したいものであるという事実に立脚して、証拠や説明について批判的に検証し、説明と矛盾した証拠を見逃さないという姿勢を指します。なんでもかんでも疑いの目で見ること（疑心暗鬼）とは全く違います。字面は似ていますが「猜疑心」は人を信じられない病んだ心の状態を言うものであり、健全な批判的精神である職業的懐疑心とは対極にあるものです。職業的懐疑心は、「相手の説明を鵜呑みにしない」「重要な事実には複数の異なるソースからの証拠を求める」などの「事実を確定する」ためのプロフェッショナルな振る舞いを言うものです。某少年探偵ではありませんが、「真実はいつもひとつ！」。「何が起きたのか」という事実を十分な証拠によって確定させることが、良い監査を行うためのポイントです。

④ 証拠書類の確保

　問題があった（ありそうな）ところの書類はコピーを必ずもらいます。今後の検討や復命書作成のための重要な証拠書類です。事務処理の根拠（補助金交付要綱など各課で定めるルール）や関連がありそうなところも合わせてコピーを取ります。事務改善の工夫の実例や、よその事務処理でも気を付けるべきことを記載したマニュアルなど、今後の監査の参考になると思ったところもついでにコピーさせてもらいましょう（良い工夫の事例などは監査事務局で情報共有し、監査での指導を通じて全庁的に広めましょう！）。

　コピーしてもらいたい書類には付箋を付して、まとめてコピーを依頼します（質問事項の依頼と一緒にすることも多いです）。依頼したコピーを回収するまで次のコピー依頼はしないようにします（複数の依頼を並行して出すと「もらい忘れ」の原因になりやすいためです）。コピーが届いたら指示したものがコピーされているか、その都度きちんと確認します。書類の原本は、よほどのことがない限り被監査部局に残して帰るので、あとで復命書を書くときに「あれ？ あの書類のコピーがない」となると「どの書類」だったかを思い出すの

は困難を極めます。膨大な経理書類の中から書類を出してもらうためには「何年何月何日の印刷消耗品費の支出負担行為伺」のように精密に特定しないといけないわけで、「もらい忘れ」をすると、その書類を入手することは非常に難しくなります（少なくとも時間がかかります）。一度見たことのある書類（当該書類の存在そのものは確実であるもの）についても、あとから出してもらうのはこのように結構たいへんで時間がかかるものです。特に取り寄せ監査では、手元にない関連書類を出してもらうためには、被監査部局の担当職員さんの全面的な協力が必要になります。「この書類に関連してこういう書類があるはずなのですが…」という頼み方になるので、見つけるのはそれなりに労力と時間を要するからです。その点、電算上にある書類であれば検索をかければたちどころに出てくるので、効率が段違いです。財務オンラインシステムの検索システムを使い倒しましょう！

　単純作業は、可能な限り相手にやってもらうようにしましょう。せっかくそばにいてくれるわけですから、そのマンパワーを有効活用しましょう。コピーだけでなく「いくら以上の契約の抜き出し」などもしてもらうと良いです。時間の節約を心掛けましょう。

　「事実」のみがあとでものを言います。どんな重大な問題の存在が疑われたとしても、証拠が十分でなければ指摘とすることはできません。監査に入ったときに証拠の確保ができるかどうかは、のちのちの監査結果を左右する、極めて重要なポイントです。

⑤　監査時のマナー

　言うまでもありませんが、監査の相手に対しては優しく礼儀正しく応対しましょう。相手に悪感情を持たれるような言動は慎むべきです。なおかつ、我々は反感を買いやすい仕事をしているので、「素のまま」の態度で臨むことはやや危険です。意識して端正な態度を心がけましょう。監査というのは、次のような誤解を受けやすい因果な商売なのです。

・「横柄なものの言い方しやがって！」

　言葉が足りないと「横柄」と受け止められることがあります。愛嬌を振りまく必要はありませんが、意識して言葉を惜しまず丁寧に説明しましょう。ま

た、地声の大きい人はちょっと気を付けましょう（怖がられます）。

- 「なんか態度が横着じゃない？」

服装が乱れていると「横着なやつ」と思われがちです。座っている相手に立ったままものを言うだけで威圧的に取られることがあります。椅子に浅く座って足を投げ出した姿勢は、かなり横着に映ります。接遇研修で習ったことを思い出して応用してください。

次のことにも注意してください。

- 携帯電話（スマートフォン）は電源を切るか、マナーモードにしておきましょう。
- 昼休みの時間は厳守しましょう。一生懸命書類を見ているとついつい時間を忘れてしまいがちですが、相手の昼休みに影響がないようにきちんと 12 時前に一段落させましょう。もし、あなたが監査を受ける立場だったら、昼休みの時間をつぶされるとすごく嫌ですよね？　あと、ちょっとした工夫として、午後の開始時間を 13 時 10 分からとすることがあります。午前中付き合ってくれていた担当者さんの机の上に「連絡ください」のメモが溜まっていたりするので、それを処理してもらうために 10 分間の余裕をつくっているのです。
- 特に問題がなければ予告した時間に終わりましょう（16 時半か遅くとも 17 時）。18 時に子どもを保育所に迎えにいかなくてはいけないご家庭の事情があるかもしれません。きちんと時間内で終わらせるために、効率的な監査を心がけましょう。
- 被監査部局の担当職員さんとは、監査から戻ったあとも、問い合わせや追加の資料のお願いなど、何かと関係が続きます。気持ちよく協力してもらえるように、礼儀正しく接しましょう。

⑥ 監査終了時には

ベテランでないとなかなかできないことですが、指摘に該当するような大きな問題があれば（指摘になりそうだと判断できれば）、被監査部局の所属長にその旨を告げて帰ることもあります。そうすることで、のちのちのコミュニケーションが円滑になるからです。たまにですが、「指摘する」ということを

連絡したとたんに所属長が顔色を変えて駆け込んでくる、ということがあります。それは担当者・係長から所属長にきちんと情報が上がっていないからなのですが、マイナス情報がいかに組織の中で上に上がりにくいかということがわかります（所属長が部下を掌握していないということでもありますが）。監査としては、反論があるのならば早いうちに言ってもらった方が良いので、指摘するよというのが伝わるように心がけているのですが、監査委員の会議で了承されるまでは正式に言えないので、なかなか難しいところではあります。

　帰るときには、今後のスケジュールを忘れないようにお知らせしましょう。監査の内部協議を経て、いつ頃に事実確認の文書による照会が来て、いつ頃までに回答が必要になるか大まかなスケジュールを伝えておきます。相手の心積もり（準備）のためです。

　1日の監査が終わって部屋に戻るとどっと疲れが出ます。根を詰めて書類を見てきたので目も疲れています。資料の整理など今日の仕事の片づけが終わったら、早く帰って明日の仕事への英気を養いましょう！

（4）復命書の作成

① 分担している事務ごとに記載する

　何人かで監査に入った場合、事務別に分担して監査をしていると思います。その分担事務（物品管理とか委託契約とか）ごとに記載しましょう。監査結果データベースの監査項目一覧（次ページ）に従って分類してから記載すると、のちのちの整理や入力作業が楽になります（監査結果のデータベースは、できたら作っておいた方が良いものです。あとから前例を調べるときに圧倒的に手間がかかりません。今は Excel でもかなり大きなデータを扱えるようになっていますから、今からでもコツコツと入力しておくと、後輩たちがとても助かります）。

（参考）監査結果データベースの監査項目一覧

（別にこのとおりにしなければいけないわけではありませんが、ご参考までに）

A財務共通事務

11 予算執行　12 会計経理事務　13 決算事務　19 その他の財務共通事務

B収入事務

21 賦課・調定事務　22 徴収・収納事務　23 現金取扱事務　24 滞納整理事務　29 その他の収入事務

C支出事務

31 資金前渡事務　32 還付事務　33 報酬・賃金　34 時間外勤務等手当　35 その他の諸手当　36 報償費　37 旅費　38 交際費・食糧費・会議費　39 自動車借上料　40 負担金、補助及び交付金　49 その他の支出事務

D契約事務

51 委託契約の方法及び手続　52 委託契約の締結　53 委託契約の履行　54 賃貸借契約　55 購入契約　59 その他の契約事務

E財産管理事務

61 公有財産管理事務　62 物品管理事務　63 貯蔵品　64 基金　69 その他の財産管理事務

Fその他

91 公印管理　92 許可事務　93 証明事務　94 理事会等団体運営　99 その他

　まず、過去の指摘・指導文を参考に、指摘・指導する内容を記載します。ここで注意すべきなのは、「事実のみ」を書くようにすることです。あなた個人の憶測や疑問は書いても仕方がありません。憶測を書くと、課内の報告会で「その根拠は？」と突っ込まれますし、疑問を疑問のまま書いていると、先輩方から「その疑問を解決してから報告しなさい」という厳しい指導が入ります。

　次に、指摘・指導の具体的な内容を説明欄に書いていきます。何が、どうして間違っているのか、監査対象課がわかるように、該当の書類のコピーも添えて書いていきます。

なお、「復命書書き」は結構な力仕事なので、できるだけ溜めないようにしないといけません。1つの所属についての復命書を書き終わる前に、別の所属の監査に入ると、数日前に監査したことをなかなか思い出せないということがしばしばあります。そうなると監査時にもらっておいたコピーやノートが頼みの綱です。どうしても思い出せないときは、ためらわず監査先に電話しましょう。間違ったことを書くと監査先にも迷惑をかけ、二度手間、三度手間になるうえ、下手をすると監査の信用を下落させます。

　そして、監査スケジュールには「復命書作成期間」を十分に織り込んでおきましょう。できるだけたくさんの所属をできるだけ時間をかけて見たいという気持ちはわかりますが、復命書を書くために長時間の残業を続けることが許される時代ではなくなっています（まして監査事務局が違法な「サービス残業」をするなど、言語道断です）。監査に出かけない日を計画的に設定して、復命書を書く時間を確保しないといけません。監査は自治体の中でも比較的自分で自分のスケジュールが決められる業務分野です。合理的で効率的な監査実施計画を作りましょう。

② ルールの解釈運用について迷ったらさっさと問い合わせる

　指導する根拠等で判断に困ったときは、それぞれのルール所管課に問い合わせましょう。支出事務なら会計課、契約事務なら契約課、旅費支給のことであれば労務課などに、遠慮なく！　監査が勝手な解釈をすることは越権ですし危険です。みなさんが判断に迷うくらい微妙なケースというのは、ルール所管課にとってもルールの解釈運用について学び、考える絶好の機会になりますから、本当に遠慮なく聞いて良いのです。ただし、聞いたこと（解釈運用）については必ず監査事務局内で情報共有して「同じことを何回も聞く」ことがないようにしましょう（「またですか」「それ、先日回答してますよ」と言われるのはちょっと恥ずかしいものです）。

③ 重大・異例な事案が見つかったら

　「不正行為かもしれない」といった重大・異例な事案に遭遇したときは、とりあえず上司に報告・相談しましょう。係長に相談したらたぶん「課長に報告

しとこう」ということになります。その後どこまで上げるかは課長の判断です。

　重大・異例な事案において、最初から「不正見つけました！」と断言できるほど事実関係が明確に把握できているというケースはめったにありません。多くの場合、「もしかしたら」という灰色のケースです。しかし、それでもあなたが「ひょっとしたら」と思うに足る情報があったわけですから、現在把握している情報を上司に報告し、今後の調査の方針を固めましょう。場合によっては監査側の人員を増やして調査することが必要であるかもしれず、それはまさに管理職の職分だからです。重大・異例な事案を取り扱うときは、大きなプレッシャーを受けることになるので、早めに上司に報告して組織的に対応することが肝心です。

（5）課内協議～タフでエキサイティングな報告会

　監査して帰ってきて復命書をまとめたら、上司への報告です。監査委員まで監査結果の報告をし、どれを指摘するか決めていきます。私の経験では、監査に行った係長と担当者が課長と総括係長に対して報告するという形でした。他の係長や担当者も、この報告会に参加することが奨励されていました。実際、ベテランの係長さんから他の係の報告内容に鋭い質問が結構飛んでいましたし、間違ったことを報告に書いていると「それ違うんじゃない？」と指摘されていました。この報告会に参加すると実に良い勉強になりますし、違う視点からの検討が加えられることは、監査の質を高めるのに有用でした。監査に今年来たばかりの新人さんでも「この事務は昔担当したことがあって、実は…」というような情報提供があったりすると、監査の深度が深まります。

　事務局内協議のやり方は、監査事務局の規模によって大きく違います。事務局長以下数人という規模であれば、何度も報告のための会議をする必要はないでしょう。また、監査委員さんが自ら書類チェックに参加されているような場合、事務局職員からその内容についてモノ申すというのは遠慮があるかもしれません。ただ、どのような形であれ、復命書を作成した本人以外の目で内容をチェックする機会が最低１回は必要です。監査も人間ですから、ときどきとんでもない勘違いやあり得ない間違いをしていることがあります。そういうもの

を被監査部局に出すと監査の信用に関わるので、内部でのチェックの手を抜いてはいけません。

　また、係内で復命事項をすり合わせ、レベルを合わせておきましょう。係長と担当者の言うこと・考えていることが違うと、報告会で集中砲火の餌食になります。復命書を作って時間の余裕があれば、係内ですり合わせをしておくに越したことはありません。

　さて、課内協議の目的は、指摘事項を決めることです（あるいは「指摘事項なし」ということを確認することです）。復命書に書いてある内容で指摘に相当と断定できればよいのですが、さらに調査が必要なこともしばしばあります。その調査の方針を決めることも協議の目的です。スケジュール上の日限を意識しつつ、いつまでにどこまで調べなければいけないかを決めます（監査スケジュールは監査事務局が自ら定めたものではありますが、各部局に影響するのでそうそう安易に変更できるものではありません）。また、被監査部局に対して照会する「事実確認」の文案の調整も合わせて行います。

　報告会では、定例軽易なものも含めて、監査で発見したことがすべて報告されます。1つの係からの報告について朝から夕方まで丸1日かけて検討するので、終わったらクタクタです（笑）。聞く方も報告する方も効率的な会議運営を心がけましょう。事実の把握が曖昧だと、話が長引くことが多いです。この段階では、「指摘できる案件を見つけたい」と皆が考えていますから、「指摘できるかもしれないが、決め手に欠ける」という事案が出ると、「ああでもない、こうでもない」という憶測や希望的観測が飛び交うことになりがちです。憶測を並べるのではなく、いくつかの想定シナリオを考えてそれに沿った調査の方針を立てることが大事です。報告者が事前に問題点を整理しておいてくれると議論がスムーズになります。

コラム

なぜ、細かいことまで含めてすべての事案を報告するのか

　なぜ、細かいことまで含めてすべての事案を報告するのかといえば、まずは「レ

4・5月

6〜8月

無号　住民監査請求

9・10月

11・12月

1〜3月

ベル合わせ」のためです。係で、あるいは担当者によって指摘・指導の基準が異ならないように、把握した「間違い」はその程度によらずすべて報告し共有します。そして最も重要な理由は、組織責任の原則です。指摘は課内で議論を尽くしたうえで、組織の意思決定として行い、職員個人の責任にしないということです。あと、もちろん勉強の良い機会だからです。他の係の報告を聞くことで、新たな着眼点を得られることがあります。

　課内協議で聞かれることのポイントは、まず、指摘の根拠です。それは、何のルールに違反しているのか？ 法令、条例、規則、要綱、マニュアル、ひな形（記入例）など、ルールには重いものから軽いものまでありますから、何のルールに違反しているのかを確認します。法令などの重いルールに明白に違反しているのであれば、基本的に指摘になります。

　もし、ルール違反の根拠が明確でないとき、つまりルール違反とは言えない場合、その事務処理の妥当性を検討することになります。監査の職員が見つけてきた案件ですから、通常ではない、イレギュラーな事務処理がされているケースです。その事務処理によって誰がどう困るのか、現実に「困っている」「問題が生じている」のであれば、その事実をもとに指摘することができるのですが、多くはまだ具体的な問題は生じていない段階なので、「困ったことになる可能性」について検討します。「市民に被害、迷惑が及ぶ可能性がどれくらいあるのか」「現金事故等の不祥事につながる可能性がどれくらいあるのか」などです。内部統制における「リスクの評価」と同じように、リスクの規模と発生確率を検討します。検討した結果、損害が全然大したことがない場合や、発生確率がものすごく小さい場合は、つまり「問題がない」場合ですから指摘にも指導にもしません。一定の確率で問題が起きると思われたら、改めるべき方向性も検討して指導します。

　印漏れ、日付漏れなどの定例軽易な間違いについての報告は手早く行い、前記のような重要な事案について検討する時間を確保します。

コラム

「定例軽易な間違い」とは

「定例軽易な間違い」とは、次のものを指します。

- その間違いがあっても問題なく業務が完結
- 「たまたま」問題が発生しなかっただけでなく、どう考えても（合理的な推論を十分行っても）発生する問題が軽微または皆無

なお、「ヒヤリハット（事故には至らなかったが、運が悪ければ事故になっていたと思われるエピソード）」とは異なります。ヒヤリハットは「どういう問題が起きていたか」明確に想定できるものだからです。

また、「軽易だから」根絶は不可能です。その間違いがあっても問題なく事務が完結しているので、根絶させるほどリソースを注ぎ込む必要がありません。このように「いつまでもなくならない（＝なくならなくても問題ない）」ものなので、うっかり指摘してしまうと「いつまでも改善されない」という状況になり、かえって始末の悪いことになります（だからそもそも指摘してはいけません）。

定例軽易な間違いは、一定の頻度に収まっている限り「正常」であり、目くじら立てる必要はないのです（軽易な間違いでも異常な頻度で発生している場合は、人員不足など職場の状況に問題があることがあります）。

（6）本当に悩ましい「指摘」の基準

どんな事案を指摘とするかは、本当に悩ましい問題です。基本的に異例・重大なもので、改善してもらわないといけないものなのですが、実態としては、過去の指摘事例から得る「相場観」に、今現在の問題意識を加味して考えるということになります。

例えば、「居酒屋タクシー」*11 が問題になった時期、公用タクシー券の適正な管理を徹底するために「責任者印のまとめ押し」について厳しく指摘したことがありました（管理要綱では「使用の都度押印」というルールになっていました）。こういう、過去に指摘とまではしなかった事務処理について指摘にすると、「以前は指摘しなかったことをなぜ指摘するのか」という時系列的一貫性について必ず反論が来るので、「社会情勢や世論の変化」などの材料を揃え

て説明するようにします。こういう「タテの公平性」の説明は、かなり準備が必要です。

　一方で「なんでウチだけ！」という「ヨコの公平性」に対する反発に反論することは別に難しくありません。同じことを見つけたら、それがどこであろうと同じように指摘します、と言えばよいだけだからです（よく「みんなやってるぞ！」と言われるので、そういうときは「みんなとおっしゃいますが、どこでしょうか？　次の監査でそこを見るようにいたしますので是非教えてください」と聞き返すとたいてい黙ってしまいます（笑））。

　そういうことも含めて、「何がいけないのか」を課内協議から始まって事務局内で議論し、理論武装します。被監査部局からの「なんでこれで指摘されるのか」という不満に対して、少なくとも理屈上は「言い負け」しないように一生懸命考え抜きます。

　指摘をするかしないか、本当に悩みます。ただし、指摘するのは仕事を改善するためですから、その基本を常に念頭に置いて考えます。

【参考】会計検査院長答弁（昭和 52 年 3 月 10 日衆議院決算委員会）

　検査院のいわゆる不当事項というのは、院法で規定されておりますが、その内容についてまでは規定してございませんので、これをどう考えるかは、おのずから常識の線に従って考えなければなりませんが、法律、政令もしくは予算に違反した事態または不経済となっているものという中から不当事項が出ていくわけでございますが、それにしても、ご承知のように、たとえば、ごく小額の過払いがあったりしたものを一々不当事項に挙げるということは、これまた非常にどうかと思うのです。それで、おのずからそのスケールの問題が、そこに出てくるわけでございます。

　それからもう一つ皆さんにご理解していただきたいのは、不当事項としてわれわれが批難する以上は、その裏に何らかの手落ちがあって、そういう不当事項が生じた、神ならぬ身のあれがやるのですから、行政官がやっているので、結果において不当な事態になってしまったという場合もあるわけですね。そういうものまでも、われわれとしては不当事項として批難するわけにはいかないと思うのです。それで、いま申し上げましたようなことから、ある程度の規模ということ、

60

> それから批難されるべき、検査報告に継起して批難するに値する程度の落ち度が
> あったという、そういう大きな柱がございまして、それにかけて掲記した方が良
> いかどうか、こういうことを考えて出しているのが、現在の不当事項でございま
> す。＊12

　会計検査院も量（些細でない）と質（批難に値する手落ち）両面での「重要
性」を指摘のメルクマールとしているようです。

（7）「良くない指摘」の典型例

　次に、やや戯画化していますが、「良くない指摘」の典型例を掲げてみまし
た。こういう良くない指摘を避けるだけでも、指摘の質は相当に上がると思い
ます。

○「悪代官」指摘

　業務の実態に合っておらず、それゆえ守られていないルールを「守れ」と強
要して無意味な仕事を押し付けたうえ、現場の職員を非難するという、非道な
指摘。現場の職員を苦しめるだけであり、監査という仕事の印象を悪くするダ
メ指摘です（そういう場合は、「統制の不備」としてルール所管課に指摘すべ
きなのです）。

　あるいは、「直しようがないこと」をことさらに指摘するのも理不尽な指摘
です。例えば、「未収金が存在する」ことだけをもって指摘とするようなこと
です。歳入の未収金は少ない方がよいに決まっていますが、「あってはならな
い」というものではありません。税にせよ一般債権にせよ、未収金をゼロにす
ることは事実上不可能であり（国税庁ですら徴収率100％は達成できていませ
ん）、未収金が「ある」ことだけを理由とする指摘をされた側は「じゃあどう
したらいいの⁉」と強い不満を持つことになります。徴収手続きや督促等の業
務において具体的な手落ちや怠慢がない限り「未収金がある」ことのみをもっ
て指摘とするのは、適当ではありません。

4・5月

6〜8月

無学・住民監査請求

9・10月

11・12月

1〜3月

○「言いっぱなし」指摘

　前例のない案件等で定型から外れた事務処理を行った事例について、ただ「おかしい」とのみ指摘して、どう改善すればよいかを示さないと、なかなか改善につながりません。現場はそもそも「どうすればいいかわからない」から異例な事務処理となっていたのですから、「それはおかしい」と言われただけではどう改善してよいかわからず、戸惑うばかりで先に進めません。例外的な処理について既存のルールがカバーしていないということは十分あり得ることなのですが、必ず「正解」があるという思い込みを持ってしまっていると、「○○の事務処理について××規則に照らして疑問があるので、関係課と協議されたい（教えてもらえ）」のような指摘を行いがちです。しかし、ルール所管課も前例のない事案であるため簡単には見解を出せず、結果として問題のある事務処理が放置されてしまうことが起こってしまいます。監査がもう少し踏み込んで、ルール所管課と「妥当な事務処理」について調整をしてあげないといけないケースです。

○「忖度」監査

　ルールの不備に気づきながら指摘を躊躇してしまう気配り過剰な監査。その問題を指摘すると相手方に多大な負担がかかってしまうことや、面子をつぶしてしまうことを忖度して、指摘から逃げてしまうことです。重大な問題を発見し、公表すると大問題になることが予想されるケースについて「びびって」しまう気持ちはよくわかりますが、公表しないで「臭いものに蓋」をしてしまうと、たいていあとで余計にひどいことになります。監査で判明するようなことは、いずれ対外的にもバレます。報道等で実態が明らかになったとき、「監査が知っていて隠していた」ということも明らかになるわけで、「隠蔽に加担した」という非難を受けることになります。誰にとっても不幸なことになるので、過剰な「忖度」は禁物です。

（8）被監査部局への照会＝「事実確認」

　課内協議をもとに監査で発見した事実について、被監査部局に日限を示して照会します（回答期限は1週間くらいが目安）。

監査に入ったときに取ってきたコピーなどの証拠をもとに、「発見した事実（事務処理ミス等）」について「事実であるかどうか」を被監査部局に確認します。そのため、この照会を「事実確認」と呼んでいます。相手に「事実である」と確認させて、確実に証拠を固める手続です。

　監査の方が、勘違いや事実誤認をしていることだってあります。照会に対して「事実と違います」という回答があり、それが証拠で裏付けられたら、素直に訂正しましょう。

　「事実と違います」という反論があり、それについて十分な証拠がなければ、さらなる証拠を要求しましょう。ルールの解釈に異論があるようなケースでは、ルール所管課に問い合わせることもあります。

　回答がおかしいとき（論点がずれているとき）は、相手と十分議論したうえで、出し直しを要求する必要があります。時間の締切が厳しいので、この協議は手早くやらないといけません。こういう二度手間にならないように、事実確認の文章は誤解されないように明快に書くように心がけます。

　時には「事実に間違いありません」と書いてあっても、あとで覆されることがあります。特に「指摘をする」ということを告げると、それまで十分説明されていなかったらしい被監査部局の管理職がびっくりして飛んでくるということがあるので、事実確認の段階で指摘になる可能性が高い事項については、（こっそりと）被監査部局に知らせておいた方がよいようです。

　監査実施時に事実をよく把握し、相手方とよく議論をしておけば、反論は少なくなります。

（9）指摘文・指導文の作成

　事実確認の回答を踏まえて、指摘文・指導文を作成します。基本的に、過去の指導文・指摘文を参考に、定型的な文章で書きます。

　指導文等の文末には次のような文章を付け加えるのが一般的です（「日付漏れ」などの軽易な誤りでは「〜の日付がなかった」という事実だけを書いて終わらせます）。

　「…について注意されたい。」「…を、速やかに処理されたい。」「…については、今後、…に改められたい。」

（10）指摘事項決定、再度の課内協議（事実確認後）

　事実確認の照会結果を踏まえて、指摘するかしないか、課内で再び議論が白熱します。ここで、事務局案の最終形が決まるので、論点の見落とし等がないように、十分議論しておくことが重要です。このときの話し合いでは、指摘になりそうな重要な事項についての議論に集中します（定例軽易な指導事項は、チャチャチャッと終わらせます）。

　監査としては、やはり指摘を行いたいというのが本音なので、「指摘できそうな事案」について集中して検討するわけですが、このときに事実の把握が十分でないと、議論が空転することになります。そのため、この時点で「何がわかっていて何がわかっていないのか」の見極めがとても重要です（もしさらに調べるのであれば、それが日限の中で間に合うかという見極めも重要です）。どんなに「怪しい」事案でも、確固たる証拠がなければ指摘にすることはできません。結局、監査に入ったときに把握した「事実」の善し悪しにより、指摘できるかどうかが決まるのです。

（11）監査委員までの協議

　課内協議では「ツッコミ役」だった課長が、今度は上司と監査委員に説明するプロセスです。ここでは定例軽易な指導事項は細かく説明せず、指摘候補の事案を中心に説明します。課内協議とはまた違った視点からツッコミが入るので、今度は課長が防戦に回ることになります。

　ここでの議論の結果、「さらに調べてほしい」という指示が降ってくることもあります。スケジュール的に間に合えば指摘項目に反映させますが、間に合わなければ「宿題」として検討事項となります。

（12）講評、公表

　指摘を受ける部局の長に対して、監査委員から指摘事項を示し、それに対する説明や弁明を聞く機会を「講評」と呼んでいます。監査委員までの協議で、指摘項目が内定したら、対象の部局と講評のためのスケジュール調整を行います。指摘されたばかりの段階で再発防止等についてはっきりしたことが言えないのはやむを得ないのですが、「指摘を重く受け止め、改善に努めてまいりま

す」のような「紋切型」で終わらせないでほしいと被監査部局にお願いしていました。部局の長の自分の言葉で語っていただきたいものです。被監査部局と監査委員とのやりとりは担当者も入って聞いておきます。

　公表は公報に掲載することで行いますが、今日では役所のウェブサイトにもアップするのが普通です。また記者クラブへの資料提供を行うこともあります。その場合、記者から取材を受けることがあるので、その対応は課長以上が責任をもって行います。重大な指摘内容で報道機関の関心が寄せられることが予想される場合は、取材対応等について被監査部局とすり合わせをした方がよいでしょう（報道対応の中心は、指摘された事案の当事者である被監査部局になります）。

4・5月

6～8月

無季　住民監査請求

9・10月

11・12月

1～3月

コラム

「公表」することの意義

　監査結果は、地方自治法により公表しなければならないと定められています（第199条第9項）。公表は公報等に掲載して行うべきものとされていますが、ネット時代の今日、自治体のウェブサイトにもアップし住民がいつでも見られるようにしておくことは当然のことと考えます。

　そもそも、監査結果の公表が義務付けられているのは、監査で指摘した事項が確実に改善させるためです。公表することによってトップが確実に知り、議員もマスコミも住民も問題の所在を知ります（真面目な議員さんは議長宛に送られた監査報告書をよく読んでいます）。つまり、公表することにより役所は組織としてその問題に取り組まざるを得なくなります。公表することによって、監査の指摘が実際の業務の改善につながるのです。役所の中でだけ監査委員がどんなにうるさく言っていても、それだけではなかなか改善につながらないことが多いのは、残念ながら事実です。だから、地方自治法は監査結果の公表を義務付け、改善を担保しようとしているのです（ちなみに、監査結果の「公表」が義務付けられたのは、実は平成9年（1997年）の地方自治法改正でした。それまでは公表する義務すらなかった自治体監査…、とっても「影の薄い」ものであっただろうと推測されます。これも、自治体監査の残念な歴史の一コマです）。

もちろん、監査の目的は業務を改善することにあり、所管課を罰することではありません。ましてや、辱めることではありません。公表や記者発表は、改善を確実に担保するための手段であり、役所の信用を必要以上に損なうことのないよう配慮することは当然のことです。

（13）監査記録の保存と整理

　監査の記録を整理し、後任者がわかるようにしておかないといけません。できれば、監査事務局として、整理の仕方を統一しておくことが望ましいです。とにかく、「来年の人」があとから見て「訳わからん」とならないように頑張りましょう。

　監査記録を残すことは、監査の「時系列的一貫性」（＝公正性）を担保するための、非常に重要な仕事です

○保存すべき資料（例）
- 監査の記録（どこを、いつ監査したか）
- 記入済みのチェックリスト
- 監査の復命書
- 事実確認などの各担当課への照会文
- 被監査部局からの回答文
- 監査に入った所属ごとの「各課のまとめ」
- コピーしてきた証拠書類
- 入手した参考資料　　等

　後任の人が見てわかりやすいように、見出し等をつけてきちんと整理しておいてくださいね！

　監査初心者への研修資料（案）は以上です。これから監査に取り組まれる方の参考となれば幸いです。

＊ 1……総務省「地方公共団体における内部統制・監査に関する研究会」平成 31 年 3 月 29 日「監査基準（案）」http://www.soumu.go.jp/main_content/000612916.pdf（2021 年 3 月 9 日時点）

＊ 2……アダム・スミス著、水田洋監訳、杉山忠平翻訳『国富論 3』岩波書店、2001 年

＊ 3……M&R・フリードマン著、西山千明訳『選択の自由［新装版］』日本経済新聞出版社、2012 年

＊ 4……デヴィッド スタックラー著、サンジェイ・バス著、橘明美訳、臼井美子訳『経済政策で人は死ぬか？ 公衆衛生学から見た不況対策』草思社、2014 年

＊ 5……地方自治法改正で平成 19 年から市町村の「収入役」、都道府県の「出納長」が廃止され、会計管理者は特別職から一般職に移行しました。もともとは市役所の「金庫番」として市長・助役（今は副市長）と合わせて「三役」と並び称される重みのある役職でした。

＊ 6……ただし、現金管理を潔癖に排除しすぎている嫌いがあり、例えば「釣銭資金」についての規定が施行令にも施行規則にも存在しないなどの欠陥もあります。

＊ 7……https://www.jbaudit.go.jp/report/about/index.html（2021 年 3 月 9 日時点）

＊ 8……https://www.jbaudit.go.jp/kids/category2/03.html（2021 年 3 月 9 日時点）

＊ 9……総務省「地方公共団体における内部統制・監査に関する研究会」平成 31 年 3 月 29 日「実施要領（案）」 http://www.soumu.go.jp/main_content/000599337.pdf（2021 年 3 月 9 日時点）

＊ 10 …監査復命書、監査報告書、監査調書など色々な言い方があると思いますが、ここでは監査委員まで報告するための監査実施記録を指しています。対象課ごとの個別の監査計画、監査した内容、判断の過程、証拠及び結果などを含みます。

＊ 11 …国家公務員が勤務時間が終電後の時間帯に及んだ場合、公費で購入されたタクシーチケットを使って帰宅できるが、その車中でタクシー運転手が缶ビールや肴などを無料で提供するサービスが広く行われており、この慣行がリベート（収賄や贈賄）ないし国家公務員倫理規定の違反であるとして 2008 年に問題となりました。

＊ 12 …真島審一『自治体監査の手引－実効ある公監査のために－』審明舎、2019 年

4・5月

6～8月

無料・住民監査請求

9・10月

11・12月

1～3月

6 〜 8 月の実務

決算審査意見書の書き方〈一般会計編〉

　いわゆる決算審査意見書のうち、一般会計・特別会計決算審査意見書を作成する根拠は、地方自治法第233条です。

> **【地方自治法】**
> 　第233条　会計管理者は、毎会計年度、政令で定めるところにより、決算を調製し、出納の閉鎖後3箇月以内に、証書類その他政令で定める書類と併せて、普通地方公共団体の長に提出しなければならない。
> 　2　普通地方公共団体の長は、決算及び前項の書類を監査委員の審査に付さなければならない。
> 　3　普通地方公共団体の長は、前項の規定により監査委員の審査に付した決算を監査委員の意見を付けて次の通常予算を議する会議までに議会の認定に付さなければならない。
> 　4　前項の規定による意見の決定は、監査委員の合議によるものとする。

　例によって地方自治法は「決算を審査しろ」とだけ規定していて、「何のために」「どういう」審査を行うべきであるかについては規定を置いていません。様式の定め等もありません。したがって「どのような決算審査意見書を書くか」については、各自治体の監査委員の裁量に任されていると言うことができます。いささか心細くもありますが、腕の振るいどころでもあります。

　伝統的に、決算審査の主眼は「①計算に間違いはないか、②支出命令等に符

合しているか、③収支は適法であるか等」とされていました[*1]。2019 年（平成 31 年）に総務省の研究会が発表した監査基準（案）においても、「決算その他関係書類が法令に適合し、かつ正確であること」を審査するとされているのみです[*2]。要するに「数字の正確性」と「予算執行の適法性」が決算審査の目的とされていたわけですが、それだけだと例えば「関係書類は法令に則って調製されており、係数は正確であった」という紋切り型の文 1 行だけで決算審査意見書が終わってしまいかねません。現実の決算審査意見書においては、ほとんどの自治体で、当該年度の決算について財務分析を行い、首長の財政運営について意見を言うという運用がなされています。

こういう実情を受けて、総務省研究会が発表した監査基準の実施要領[*3]においても、「監査基準（案）において、決算その他関係書類が法令に適合し、かつ正確であるか審査することが求められているが、実施可能な地方公共団体においては、これに加え、予算の執行又は事業の経営が、経済的、効率的かつ効果的に行われているかについて審査することも考えられる」とされており、現行の決算審査意見書の主流をなす形態に対して支持を与えるものとなっています。

もちろん今日、決算については執行部（財政当局）から、さまざまな決算情報が提供されています。「○○市の財政のあらまし」や「××市役所の家計簿」など、工夫をこらして市民に役所の財政状況を伝えようとしています。また、国の指導により、自治体の各種財政指標等について経年比較や類似団体間比較などを分析したもの[*4]が作成され、公表されています。説明責任を果たし、市民からの信頼を得るための重要な努力です。

こうした執行部の努力に加えて、監査委員が決算審査意見書を書く意義はどこにあるのでしょうか？

それは、市民にとってより信頼できる情報の提供ということだと思います。監査委員は、執行部ではありません。第三者として、自治体の財政について「真っ直ぐな」意見を言うことができます。例えば、公債費（過去の借金の元利払い）が高止まりして財政を圧迫するという構図は全国的によく見られるものですが、「かつて借金して建設事業をやりすぎた」とは、財政当局が自分からはなかなか言いにくいものです。しかし言いにくいからといってそういう因

果関係の説明を省いてしまうと、財政状況の説明がわかりにくいものになってしまいます。財政健全化に向けた当局の真摯な努力は評価しつつ、財政の実情について歯に衣着せぬ直言をすることが、監査委員の決算審査意見書に求められている役割だと思います。

　私はよその自治体の財政を調べるときに、必ず決算審査意見書を見るようにしています。コンパクトにまとまっていて、かつ当該自治体の問題意識がよく反映されているからです。自治体の財政状況を説明する資料として、決算審査意見書は重要な資料です。せっかく夏の暑いときに手間ひまかけて作るのですから、市民や職員に活用してもらえるものにしましょう（もちろん、金融機関などの「玄人筋」の方々も見ています。以前、市債の格付けを依頼した民間格付け会社の方も、「しっかり読ませていただいています」とおっしゃっていました）。

　決算審査意見書の書き方に法定の「決まり」はありません。執行部が作る決算の調製の様式は法定されている[5]ので決算書はどうしても一定の形になりますが、監査委員の審査意見書はその様式に引きずられる必要はないということです。実際、総務省も法定の決算書だけでは自治体の財政状況を説明するのに不十分だと思っているからこそ、「財政状況資料集」に掲載されているような類似団体との比較資料などを作成するように指導し、公表させているわけですから、決算審査意見書を作るときに法定決算書の様式にあまりこだわるべきではありません。

　かつてよく見られた「あまり良くない決算審査意見書」の書き方を次に掲げますが、こういうものが作られていた原因の一つに、「決算書様式への過度なこだわり」があったのではないかと思っています。

あまり良くない決算審査意見書「読み上げ文型」

　「○○費の決算額は××円であり、予算額から◇◇円下回り、前年度と比べて△△円増加…」などと、同じページに掲げてある表の数字を「地の文」で読み上げているもの。表を見ればわかることをもう一度書き連ねても読者にとっては新たに得る情報はなく、読む意味がありません。説明文は、増減理由など「表だけを見てもわからないこと」「表の数字の意味を理解するために必要なこと」を書くべ

きです。

一般会計の決算書は「款・項」ごとに調製するように定められていることから、審査意見書も「款・項」ごとに記述せざるを得ないのですが、これがクセモノで、一般会計の款ごとの決算分析は実はとてもやりにくいのです。

なぜ「款ごと」の分析が難しいのでしょうか？

それは、予算・決算の「款」に計上されている数字が、施策や組織と一致していないからです。いちばん典型的な「2款　総務費」で考えてみましょう。監査委員の監査費をはじめ、全庁にまたがる多額の人件費、文化振興にスポーツ振興、男女共同参画に人権啓発、国政調査に選挙等々…と頭がクラクラするほど雑多で多様な施策の決算額が集められ、合計されています。そこに共通する性質はなく、また総務費全体で何か一つのことを達成しているわけでもありませんから、「総務費」の決算額は、財政分析の対象としては全く適していません。

財政分析は、決算の数字の「理由」を探して記述するものです。企業会計であれば、例えば水道の当年度利益が減少していたとします。その主たる原因が給水収入の減少であったとしたら、さらにその理由を追及します。人口減少によるものか、節水機器の普及によるものか、それらの理由の複合によるものなのか、いずれにせよ当年度利益減少の「理由」がわからなければ、今後の経営計画が立てられません。財政分析は、将来の経営計画を立てるために行うものですから、「理由」を探すことがその基本になります。

しかし、「総務費」を分析しようとしても、あまりにも多種多様な業務プロセスがありすぎて、うまく「理由」を説明することができません。国政調査にかかった経費については、人口や世帯数でかなり説明できるでしょうが、男女共同参画事業の経費については人口や世帯数では説明できません。客観的な事実の変化というより予算が増減したから決算額も増減しているわけで、増減理由の説明は、政策や方針の変化についての説明となります。そのように、全く違う説明をしなければいけない、全く性質の異なる事業が、体系性もなく山のように集められているために、款全体の数字について説明を行うことが非常に困難となっています。

また、款別に議論していると、「歳入と歳出のバランス」という、財政分析の基本が見えにくくなります。一般会計の決算審査において重要なのは、「全体としてどうか」という視点です。税収は増えているのか減っているのか、歳出の傾向はどうなのか、その結果として財政の逼迫度（今日、「財政が厳しくない」自治体などほとんどありません）はどの程度なのかなど、一般会計（あるいは普通会計[6]）における「全体の状況」を記述し説明することが、市民に対しても職員に対しても有益です。ですから、款別の説明は「増減理由」（今年度は選挙があったから増えた、国政調査が終わったから減った等）程度で十分だと思います。

　一方で、一般会計「全体」の説明はとても重要です。一般会計は、税収という自治体の基幹収入を担い、すべての特別会計・企業会計に資金を供給する自治体財政の心臓部だからです。一般会計が逼迫することは、狭心症を起こしているようなもので、自治体全体がカネ詰まりで苦しむことになります。

　一般会計の財政分析にあたっては、執行部が作成・公開している類似団体間比較や経年比較などの財政状況資料を活用しましょう。特に、「類似団体との比較」を行うと、自分の自治体の特徴が把握でき、非常にわかりやすい資料となります（ただし、決算審査意見書を書くタイミングでは当該年度の類似団体の数字は間に合わないと思うので、経年変化の分析において前年度までの「類似団体平均値」を使うような工夫も必要です[7]）。

　なお、自治体によっては「財政健全化計画」や「財政運営プラン」のような財政運営に関する計画を作っているところもあります。その計画に掲げられた目標値があるのであれば、現実の決算額を比べてみて、計画が実現できているか（実現できそうか）を検証することは大変意義のあることです。もし計画の達成が難しいようであれば、なぜ達成できなかったのかの分析を行う必要があります。そのようにして、自治体の現実の財政がどうなっているか、わかりやすくリアルに伝えることで、市民からの信頼が得られると考えられます。

　もちろん、説得力のある分析を行うためには、地方財政制度への理解が必要です。健全化判断比率の審査においても必要となるので、財政担当課と勉強会をするなどして、しっかり学んでください。

「決算が適正」ということの意味

　自治体の決算審査意見書には「予算の執行状況についてはおおむね適正であると認められた」などと書いてあることが多いのですが、「おおむね適正」というのは、なんとも歯切れの悪い書き方ではあります。これは、伝統的な地方自治法解釈における決算審査の内容が「①計算に間違いはないか、②支出命令等に符合しているか、③収支は適法であるか等」であったことに基づき、「予算執行が適正であるか」という審査をしないといけない、というやや無理のある解釈がベースにあるためと思われます。つまり、予算執行のプロセスにおいて手続きが一つの間違いもなく完璧に遂行されている状態を「適正」というのだろうという誤解です。

　決算審査の目的は、自治体にお金を貸している金融機関や、納税者の代表である議会などの利害関係者に対し、決算の数字が現実の財政状況をきちんと反映していることを示すところにあります。自治体の財政が悪いなら悪いなりに（良いなら良いなりに）正確に決算書に記述されていて、利害関係者の判断を狂わすような大きな嘘（粉飾）がないということを、執行部ではない第三者である監査委員が、利害関係者をはじめとした外部に対して保証することに意味があります。これが、民間企業の決算監査とも共通する、決算審査の基本機能です。

　夕張市でかつて行われていたような大規模な粉飾があったら大変ですが、例えば数百億円の規模がある自治体の決算審査において、数百円の間違いは決算を利用する人たちにとってはあまり問題ではありません。民間企業で決算を締めたあとに重大でない間違いが見つかったときは「過年度損益修正損（益）」という勘定科目で整理し、次年度の決算に計上します（自治体の財務にこのような仕組みがないこと自体が、いささか問題なのですが）。決算審査の眼目は、自治体の決算が「全体として」（利害関係者に迷惑をかけるほどには）大きく間違っていないということを監査委員が保証するところにあります。決算審査の手続きを経て、監査委員が「決算は正確である（大きな嘘や間違いはない）」という心証を形成できたら「決算は適正に作成されていた」と記述して

4・5月

6〜8月

無手　住民監査請求

9・10月

11・12月

1〜3月

差し支えないものです。

　さて地方自治法において決算で審査すべきとされる「②支出命令等に符合しているか、③収支は適法であるか等」は、文言から考えても「形式的適法性」であると考えられ、決算審査で見ることができる範囲の適法性のチェックで十分と言えます。だからこそ、総務省が発表した「監査基準（案）」*²においても、「決算その他関係書類が法令に適合し、かつ正確であること」とあっさりと書いてあるだけなわけです。

　決算審査において、「決算対象年度における（膨大な）事務処理が完璧に、一つの間違いもなく実施された」かどうかを審査することは不可能です。法律が不可能なことを要求することはありません。

　決算審査は、全体として「大きな嘘がない」「大きく間違っていない」ということを確認するものであり、個々の事務処理の適正性を保証するものではありません。そんなことはそもそも不可能なので、別途財務監査を行いなさいと地方自治法で定められているのです。

　決算審査意見書において「予算執行の適正性」に言及する必要性は、あまりないと思います。適正性について書くべきことは、決算そのものの適正性です。決算書が「関係法令に準拠して作成されており、計数は関係諸帳簿等と符合し正確であると認めた」と書くことで十分だと思います。

　決算審査意見書で予算執行の適正性について言及することは、「予算執行の適正性」の定義が曖昧であることもあって、現場に戸惑いと混乱を生んできました。次に掲げる一部の監査事務局における摩訶不思議な事務慣行も、決算審査における「予算執行の適正性」についての誤解から発していると思われます。

コラム

決算審査意見書を出したあとは前年度の事務を監査できない？？

　一部の監査事務局では、決算審査意見書を提出した９月以降、定期監査等で前年度の事務を監査しないという運用をしているところがあります。９月以降は現年度の事務しか見ないという取扱いです。これは、監査効率上非常に問題のある

運用であり、監査の実効性が大きく阻害されます。なぜなら現年度の事務はまだ完結していないことがほとんどなので、監査しても事務処理に不備があったのか、単に未了なのか区別がつかないからです。また監査される側も、現に今使っている仕事の書類を召し上げられるので迷惑します。そのような運用をしている監査事務局の人に理由を聞いても「昔からこうなっている」ということしかわからないので理由は推測するしかないのですが、おそらく、決算審査意見書で「前年度の予算の執行はおおむね適正」と書いてしまった以上、前年度の事務処理の間違いの指摘はできない、と誤解したのではないかと思われます。決算が適正である（正確である）ということと、当該年度の事務がすべて適法・適切に執行されたかどうかということは、全く別のことです。決算を適正であると言ったからといって、前年度の事務を監査できないということはありません。

「粉飾決算を防ぐ」ことは監査委員の使命

　決算は「事実を正確に反映したもの」でなければいけません。監査委員の決算審査とは、首長が調製した決算が財政的真実を正直に記述しているかどうかを確認することです。財政が悪いなら悪いと、正直に決算が作られているかどうかをチェックすることが監査委員の職責です。つまり、「粉飾決算を防ぐ」ことは監査委員の最も重要な使命なのです。

　もっとも、官庁会計は現金主義です。「お小遣い帳」とか「大福帳」などと悪口も言われますが、「現金の収支をすべて記録する」という現金主義の官庁会計は、簿記の知識のない素人にもわかりやすいというメリットに加えて、粉飾しにくい意外と堅牢なシステムでもあります。現金主義のもとで決算の数字を動かそうと思えば、必ず現金の動きを操作しなければならないために、現金を伴わない収入支出が多数ある発生主義の民間企業の決算と比べて、かなり粉飾しにくいのです。民間企業の粉飾決算でよく行われる手口として「売上げの水増し」があるのですが、商品が納品されて売上債権（売掛金、受取手形等）が発生した時点で売上計上される発生主義では、売上高を手元の現金残高と一致させる必要がありません。一方で官庁会計の現金主義では、売上代金を収

受した時点で収入を認識するので必ず一致します。発生主義会計は、迅速かつ正確に損益計算を行うために開発された技術ですが、粉飾を行いやすくする「隙」の多いシステムでもあります（だから会計士というプロフェッショナルによって、しっかりとチェックされる必要があるのです！）。現金主義の官庁会計は、鈍重で古臭いですが、粉飾に対しては抵抗性が高いシステムです。

しかし、「そんなことを言っても、実際に自治体で巨額粉飾事件が起きたではないか！」というご指摘が当然あると思います。鈍重だが堅牢な官庁会計において、どうやってあれほど巨額の粉飾決算が可能であったのでしょうか。「二度と起こさない」ための教訓として、夕張市巨額粉飾事件の手口を説明します。

やってはいけない決算：夕張市巨額粉飾決算の手口

2006年（平成18年）、北海道夕張市が財政破綻し、同時に、巨額の粉飾決算が明らかになりました。一般会計の規模（標準財政規模）が44億円程度しかなかった夕張市が、不適正な会計操作によって、292億円もの債務を隠していたのです。この事実が伝えられるや、公募地方債市場が暴落（金利が急騰）しました。自治体決算の信頼性がマーケットから疑われたのでした。政府はただちに動き、翌年6月には財政健全化法が成立、全国の自治体は同法に基づき「健全化判断比率」を算定し、監査委員の審査に付さねばならないことになりました。北海道の小さな市がしでかした粉飾決算が、我が国の地方財政制度を大きく変えることになりました。

夕張市の巨額粉飾の「手口」はおおよそ次のようなものでした。

＊A特別会計で毎年1億円の資金不足が生じると仮定

(1) N－1年度にA特会で1億円の資金不足が発生する。

(2) 一般会計からA特会へ1億円の貸付金を支出、A特会を見かけ上収支均衡させる（本来であれば繰出金で赤字を補填すべきところ、あえて貸付金で支出）。

(3) N－1年度の一般会計が1億円の資金不足を生じるため、出納整理期間

中に、N年度のA特会からN－1年度の一般会計に対して貸付金の返済を行わせる。

(4) N年度のA特会の資金不足は2億円に増大するが、それは (1) (2) と同様の操作（一般会計等からの貸付金）を行って補填する。

(5) 当然、現実にはキャッシュフローが不足するので、それは一時借入金をもって補填する（破綻した時の夕張市の一時借入金残高は膨大になっていた）。

もちろん、「出納整理期間中に当年度の予算で支出し、前年度の歳入として受け入れる」という操作は「会計年度独立の原則」に違反した違法な操作です。地方自治法第208条第2項「各会計年度における歳出は、その年度の歳入をもつて、これに充てなければならない」に明白に違反しているからです（ただし、この規定は財政運営の基本原則を示すものなので、罰則等の規定はありません）。

夕張市の粉飾額は巨額ではありましたが、大して複雑な操作をしているわけではありませんでした。いくつもの特別会計や企業会計、外郭団体等を使って操作していたのでその限りにおいては複雑ではありましたが、「夕張型粉飾」を防ごうと思ったら、「今年度の歳出が前年度の歳入となる」という、明らかに異様な財務会計行為を行わせなければよいだけなのです。「年度をまたがる」異例な支出が非常に大きな金額で行われていたわけで、これに気がつかなかったはずがありません。かつての夕張市財政課では、このような粉飾操作を「ジャンプ方式」と呼び「ジャンプがわかるようになったら一人前」などと言われていたそうです。財政規律を堅持することが本来の使命である財政課が、粉飾決算の司令塔となっていたのです。財政規律の退廃が職員倫理の深い荒廃をもたらすことを如実に示すエピソードです。

なお、夕張市がやっていたことは実質的に「当年度の赤字を翌年度の収入で補う」ということであり、この行為自体は地方自治法施行令第166条の2に規定されている「繰上充用」と同じことです。繰上充用では、今年度の予算に前年度の赤字補填のための支出を計上して前年度の赤字を処理します。もちろん今年度の予算が前年度の赤字を補填してもなお収支均衡することが前提なので、放漫財政で赤字を垂れ流していた夕張市では到底行い得なかったことでは

ありました。ただ、財務的行為の外形はかなり類似しています。予算に計上して堂々と行うか、裏口でこっそり行うかの違いだけでなのですが、そこが天と地の違いとなりました。

　ちなみに、夕張市の粉飾の手口と類似の会計操作に、外郭団体等への貸付金について行われる「単コロ（単年度転がし）」と呼ばれる便法があります。Ｎ年度当初に１年間の短期貸付を行っている外郭団体等に、翌Ｎ＋１年度の出納整理期間中に、一般会計からのＮ＋１年度の短期貸付金を財源として、外郭団体等からの返還金をＮ年度の一般会計の歳入とすることを繰り返す手法です（下図）。これを行うと、実質的に当該外郭団体等に継続して貸し付けを行っているにもかかわらず、決算における外郭団体に対する貸付金残高が外見上ゼロになり、実態が見えなくなってしまいます。不適切な会計操作と言わざるを得ません。もうこのようなことを行っている自治体はないと思いますが、監査としても、そのような行為をさせてはなりません。

　夕張市の粉飾決算は巨大であり社会に与えた衝撃も大きかったのですが、その後自治体における粉飾決算事件は発生していません。財政健全化法により夕

図表：単コロ（イメージ）

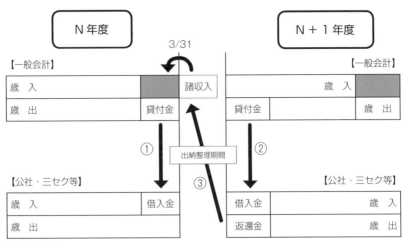

出所：総務省「アンケート調査結果等を踏まえた健全化法の課題整理」https://www.soumu.go.jp/main_content/000360833.pdf（2021 年 3 月 9 日時点）

張型粉飾は封じられましたし、日本の地方財政制度は、夕張市のような極端に放漫な財政運営（及びそれを隠す粉飾決算）をしていなければ、そもそも巨額の赤字が発生するようなことにはならないからです。監査としては粛々と決算審査と健全化指標審査を行うことで十分と思われます。

決算審査意見書の書き方〈特別会計編〉

　特別会計の決算審査は、一般会計よりはずいぶんと作りやすいと思います。それは、特別会計が「普通地方公共団体が特定の事業を行なう場合その他特定の歳入をもつて特定の歳出に充て一般の歳入歳出と区分して経理する必要がある場合」（地方自治法第209条第2項）に設置されるからです。つまり、何がしかの「売上げ」が立つ事業で、その売上げで独立採算を目指すべきものが特別会計として構成されているわけです。逆に、ほとんどの行政施策は収入を伴うことがないので、税収でファイナンスされ、一般会計に属するのです。もちろん、独立採算が達成できていない特別会計は珍しくありませんが（というか、それが普通ですが）、それでも支出のかなりの部分をカバーできる独自収入を持っているから会計を区分して独立に経理する意味があるのです。したがって特別会計の財政分析の焦点は、「売上げ」に相当する独自収入と支出のバランスを見ることになります。

　特別会計の財政分析にあたっては、地方公会計の「資金収支計算書」における区分を活用すると便利です。資金収支計算書では資金の流れを次の3つの区分に分けて表示します[8]。
- 業務活動収支：経常的な活動に関する収支であり、人件費、物件費、支払い利息等の支出、使用料及び手数料などの売上げ、経常的事業への補助金収入など
- 投資活動収支：公共施設等整備費支出、積立金、施設整備に伴う補助金収入など
- 財務活動収支：地方債発行収入と償還支出（元金のみ）

　業務活動収支を見れば、その特別会計の基本的な活動の収支がわかります。この業務活動収支を良くするための努力が経営そのものです。業務活動収支が

赤字であるということは、恒常的に一般会計からの繰出金で補填されないといけないわけで、特別会計の事業を持続可能なものにするためには、少なくとも赤字が拡大しないようにしなければいけません。売り上げを伸ばすのか、経費を節減するのか、経営努力が問われます。

　業務活動収支を分析するときに、適切なセグメントに分割できると、さらにわかりやすくなります[*9]。例えば、渡船事業において航路別に業務活動収支を計算すると、どの航路にテコ入れすべきかという経営判断の基礎になるデータが取れます。セグメント分けは事業の性質によっては難しいこともあるので必ずやらなければいけないというものではありませんが、うまくできるととても役に立ちます（執行部がこういう詳細な経営情報を出すことを渋ることもありますが、そこは協議ということになります。地方公会計の行政コスト計算書をセグメントで作って活用している自治体もあります）。

例：〇〇市渡船事業特別会計
・業務活動収支：収入の内訳、支出の内訳　差し引き収支額
・投資活動収支：建設改良費の支出とその財源となる国県補助金など
・財務活動収支：地方債収入と元金の返済
【セグメント別業務活動収支の分析】
・A航路：前年度からの増減の理由、経営上特記すべき事由等（石油価格の騰貴により燃料費が増高した、A島でのイベントによりA航路の旅客数が増えた、等）
・B航路、C航路についても同様に分析
・経営分析に基づいて、必要であれば監査委員からの意見を述べる
※本部経費などの共通経費をどう配賦するかを基本方針として定め、年度によりブレないように注意

　業務活動収支を健全化することが、特別会計の経営の目指すべき方向です。
　特別会計についても、改革プラン等が作られていることがあります。そういう場合は、必ず計画と実際を比較対照して、計画が順調に進捗しているかどうか確認する必要があります。

決算審査意見書の書き方〈企業会計編〉

　決算審査意見書のうち、公営企業会計決算審査意見書を作成する根拠は地方公営企業法第 30 条です。根拠法令が違うので、一般・特別会計の決算審査意見書とは別の冊子として作られるのが普通です。

【地方公営企業法】

第 30 条　管理者は、毎事業年度終了後 2 月以内に当該地方公営企業の決算を調製し、証書類、当該年度の事業報告書及び政令で定めるその他の書類と併せて、当該地方公共団体の長に提出しなければならない。

2　地方公共団体の長は、決算及び前項の書類を監査委員の審査に付さなければならない。

3　監査委員は、前項の審査をするに当たつては、地方公営企業の運営が第 3 条の規定の趣旨に従つてされているかどうかについて、特に、意を用いなければならない。

4　地方公共団体の長は、第 2 項の規定により監査委員の審査に付した決算を、監査委員の意見を付けて、遅くとも当該事業年度終了後 3 月を経過した後において最初に招集される定例会である議会の認定（地方自治法第 102 条の 2 第 1 項の議会においては、遅くとも当該事業年度終了後 3 月を経過した後の最初の定例日（同条第 6 項に規定する定例日をいう。）に開かれる会議において議会の認定）に付さなければならない。

5　前項の規定による意見の決定は、監査委員の合議によるものとする。

6　地方公共団体の長は、第 4 項の規定により決算を議会の認定に付するに当たつては、第 2 項の規定により監査委員の審査に付した当該年度の事業報告書及び政令で定めるその他の書類を併せて提出しなければならない。

7・8　［略］

9　第 1 項の決算について作成すべき書類は、当該年度の予算の区分に従つて作成した決算報告書並びに損益計算書、剰余金計算書又は欠損金計算書、剰余金処分計算書又は欠損金処理計算書及び貸借対照表とし、その様式は、総務省令

　第3項で言及されている「第3条の規定」とは、同法第3条に定める「経営の基本原則」のことであり、「地方公営企業は、常に企業の経済性を発揮するとともに、その本来の目的である公共の福祉を増進するように運営されなければならない」と規定されています。「経済性の発揮」だけではなくて、「公共の福祉の増進」＝公共性が地方公営企業の「本来の」目的であると釘を刺されています。その趣旨に従って公営企業が運営されているかどうかを、監査委員は審査しなければなりません。

　また、地方公営企業は、複式簿記・発生主義の会計基準を使って経理されています。監査としても、簿記の基礎知識に加え、地方公営企業会計基準を勉強しないといけません。近年、地方公営企業会計基準は大幅に改正され、2014年度（平成26年度）の予算決算から新会計基準が適用されています。改正によって公営企業会計独特の仕訳などが修正され、簿記を学んだ人にとってわかりやすくなっていると思います。

　さて、公営企業の予算は、収益的収支と資本的収支の2つに分かれているので、決算も当然その様式で記述されます。収益的収支と資本的収支[10]の2つに分かれて記載されるのでややこしいのですが、当該事業年度の企業活動による収益とそれに対応する費用が計上されるのが収益的収支、施設設備への投資やその財源となる企業債等が計上されるのが資本的収支です。これはもう地方公営企業法がそう規定しているからそういうものだと理解するしかないのですが、収益的収支が民間企業における損益計算書（ＰＬ）にほぼ相当します。

　収支が均衡している一般会計・特別会計予算を見慣れた自治体職員の目に奇異に映るのは、3条予算（収益的収入及び支出）も4条予算（資本的収入及び支出）も収支が均衡していないことでしょう。3条予算は収入が支出より多く、4条予算は支出が収入より多くなっています。「資本的収支が赤字ではないか！」とドキッとするのですが、そうではありません。3条予算で生じたキャッシュで、4条予算の必要資金を補填するのが公営企業会計の基本的構造だからです（収益的収支で稼いだお金で設備投資をするのは、民間企業のごく当たり前な事業活動です）。

資本的収入額が資本的支出額に不足する額の補てんは、主に「損益勘定留保資金」によって行われます。損益勘定留保資金とは、収益的収支における現金の支出を必要としない費用、具体的には減価償却費、資産減耗費（現金支出を伴う除却費を除いたもの）などの合計です。

　現金主義の官庁会計とは異なり、「現金の支出を伴わない費用」がいろいろあるのが発生主義である企業会計の特色です。官庁会計では、費用として認識するためには現金による支払いを行わないとならないので、例えば年度末に購入した物品については年度内に支出を終えることが困難なため、支出を行う期間として5月末までの「出納整理期間」が設けられています。一方で、発生主義の場合は支払債務確定の時点（物品であれば、発注した品物が納品され、検収を終えた時点）で費用認識をするので、年度内に納品を受けた物品購入については3月末時点で費用に計上できます（したがって出納整理期間を必要としません）。その代わり支払いが終わっていないので、その現金については「未払い費用」を負債側に計上することで貸借対照表を均衡させます。

　原価償却費という「現金の支出を伴わない費用」は、後述するように「株主に公平に配当する」必要性から生まれました。そのため、もともと出資を受けておらず配当する必要のない官庁会計には必要とされなかったものです。官庁会計は現金の出入りで記帳されるので、単純明快でわかりやすく、納税者による政府財政のコントロールの手段として適しています。そのため、世界のどの国でも政府会計は基本的に現金主義で行われているのですが、原価償却の概念がない官庁会計は、不稼働資産の存在に鈍感になりがち（資産を遊ばせていても会計的な「痛み」がない）な傾向があり、「資産の効率的活用」については一般的に不得意という特徴があります（それゆえ「公有財産管理」は監査の定番でもあります）。

> **コラム**
>
> ### 公営企業会計むかしばなし「借入資本金」
>
> 　その昔（といっても2013年度（平成25年度）までですから、つい最近のことではありますが）、公営企業会計の資本の部には「借入資本金」という項目があ

りました。建設改良のために発行した企業債がそこに計上されていたのですが、「返済の期限が決まっており」「金額が確定している」金銭債務なので、初めて公営企業会計に接した会計士の識見監査委員から「これって、典型的な負債じゃないのかね？？」と真顔で尋ねられて閉口したことがあります。そのときはすでに公営企業会計基準の改訂がスケジュールに乗っていたので「はい、確かに変ですよね。だから、会計基準が見直される予定です」と説明して事なきを得たのですが、会計素人はもちろん、会計のプロをも混乱させていた「借入資本金」が整理され、たいへんホッとしています。なぜ、建設改良のための企業債を「資本」に分類していたのか、今となってはもう理由は不明ですが、ヒントは地方公営企業法第23条にある「償還期限を定めない企業債[*11]」ではないかと思っています。償還期限を定めないということは、元本の償還を行わないということであって（利子は支払います）、だとすると出資による資本金に非常に類似します（永久に利子を払い続けるので「永久債」と呼ばれることもあります）。もともと公営企業というものは、回収に超長期（最低でも20年から30年以上）を要する投資を行うために作られた制度です。20年も30年も投資した資金が回収できないような投資は、通常の民間企業ではできません。しかし、水道にしても地下鉄にしても、遠い将来においても需要は確実に存在するので投下資本の回収は可能です。したがって超長期の資金を地方自治体の信用で調達することがもともと予定されていたため、地方公営企業法も超長期の資金調達を予定し、そのために永久債の規定を置いたものと考えられます。ただ、日本の金融情勢の現実においては永久債で資金調達をすることはできなかったため、「期限のある借金」である「企業債」が「資本の部」に整理されるという違和感のある運用になってしまったものではないかと思われます。なお、公営企業は初期に膨大な設備投資を必要とすることから、建設改良のための企業債を負債に分類すると、民間企業と比べて圧倒的な「過少資本」に見えてしまうので、それを嫌ったのではないかという憶測もありますが、公営企業の借金はもともと自治体の信用力で行っているものなので、貸借対照表（BS）の「見てくれの良し悪し」はそんなに問題ではなかったと思います（あの夕張市が粉飾決算でごまかしながら巨額の赤字を積み上げることができたのは、金融機関から一時借入金をほぼ無制限に借り入れることができたからです。自治体の信用力とはそれほど大きなものなのです）。

減価償却というマカフシギな「費用」が生まれたわけ

　減価償却費は、現金の支出を伴いません。「お金が要らないのに、なんで費用として認識するの？？」と不思議な気がします。その理由は、資本的支出によって調達される施設設備は「数年度にわたって稼働する」ものだからです。例えば、運送会社が今年500万円でトラックを買ったとします。そのトラックを使って売り上げを稼ぎ、利益を上げます。そのトラックが5年間使えるものであるとし、設備投資以外の毎年の収支が500万円の黒字であったとします。もし、減価償却という方法を用いず、単純に今年の費用としてトラック代を計上すると、損益計算は次のようになります（配当率は10％とします）。

	1年目	2年目	3年目	4年目	5年目
トラック代を含まない収支	500	500	500	500	500
トラック代	▲500	ー	ー	ー	ー
合計収支	0	500	500	500	500
配当	0	50	50	50	50

　なんと！　今年の株主は1円も配当がもらえないのに、来年以降の株主は毎年50万円ももらえるのです。これでは今年の株主が納得しません。「絶対会社の業務に必要なものを買ったのに、なんで今年の株主だけが負担しないといけないんだ！　来年以降も使うのに！」と怒ります。確かに来年以降もそのトラックは稼働して利益を上げているのに、1年目にだけ費用とするのはフェアではありません。

　そこで、「減価償却」の登場です！　耐用年数（ここでは5年）にわたって費用を賦課します。すると各年度の利益や配当は次の図のようになり、まことに公平です。

	1年目	2年目	3年目	4年目	5年目
トラック代を含まない収支	500	500	500	500	500
トラック代（減価償却）	▲100	▲100	▲100	▲100	▲100
合計収支	400	400	400	400	400
配当	40	40	40	40	40

　また、損益計算書を経営判断に使うときのことを考えても、「仕事に絶対必要なもの」を買ったにすぎず、お客が減ったとか人件費が上がったとかの経営上の条件が変わっていないにもかかわらず、損益計算書上の利益が乱高下するというのも好ましくありません。本業である営業収支が黒字なのに設備投資したから赤字になるというのでは、必要な投資が抑制されて健全な経営ができません。

　というわけで、「減価償却費」という発生主義会計特有のマカフシギな費用概念が開発され、広く使用されることになりました。それは企業の財務を正確に記述するために必要なことでしたが、減価償却費以外にも「資金を伴わない」費用や収入が勘定科目として認められていることから、損益計算書の利益と現実のキャッシュフローが一致しないことが普通になりました。そのため、わざわざ「キャッシュフロー計算書（ＣＦ）」を作るようになりました（現金主義の官庁会計は、役所のキャッシュフローをやや古臭い、独自の形式で記述したものです）。なお、損益計算書における利益と、実際の現金の有り高が一致しないことから、企業においては「勘定合って銭足らず」という現象が生じ、「黒字倒産（損益計算書は黒字なのに、資金が足りなくて支払いができずに倒産すること）」というさらにマカフシギな現象も発生することになりました。

「若い」ときは苦労する公営企業

　「若いときの苦労は買ってでもせよ」ということわざがありますが、発足したあとしばらく財政的に苦労が続くのが、公営企業という経営形態です。

　地方財政法施行令第46条に定められている地方公営企業は以下の事業です。

一　水道事業

二　工業用水道事業

三　交通事業

四　電気事業

五　ガス事業

六　簡易水道事業

七　港湾整備事業（埋立事業並びに荷役機械、上屋、倉庫、貯木場及び船舶の離着岸を補助するための船舶を使用させる事業に限る。）

八　病院事業

九　市場事業

十　と畜場事業

十一　観光施設事業

十二　宅地造成事業

十三　公共下水道事業

　これらの事業に共通する特徴は、「最初に莫大な投資を必要とする」「しかし長期的に安定した需要があり、最終的には投資が回収できる」ということです（少なくともそう想定されています）。例えば地下鉄事業は、トンネルを掘るのに膨大な投資が必要であり、長く赤字が続きますが、大都市の交通需要は確実にあるため借金の償還が終われば黒字になります。新しい地下鉄は赤字ですが、歴史の長い東京や大阪の地下鉄は黒字です。水道事業も水の需要は人間の生活がある限り存在しますから、初期投資の償還が終わっているたいていの水道事業は今は黒字です。しかし創設期の水道事業は赤字で「真っ赤っ赤」でした。

　「若い」公営企業は、しばしば資金不足に苦しみます。収益的収支が黒字でも資本的収支の資金繰りが厳しい。それは、原価償却と資金調達のタイムスパンのミスマッチがあるからです。

　地下鉄における隧道建設や下水道の管渠建設など、企業会計は非常に巨額の設備投資を行います。これら大規模資産の耐用年数は50年ですから、ざっくり計算すると投下した建設費を50で割ったもの（2％）が年々の減価償却費

となります（話を単純にするため定額法を用います）。50億円を投資したなら毎年1億円を減価償却費として現金を伴わない支出に計上するので、計算上は毎年1億円のキャッシュが手元に残ります。この1億円が、建設のために借りた借金のうち元金を返済する原資となることが予定されています（利子は経費なので、毎年の稼ぎ「収益的収支」から払わないといけません）。

ところが！ ずっと昔からそうですが、日本の金融制度のもとでは「償還期限50年」という資金を貸してくれるところはありませんでした。最長で30年なのです（正確には10年の償還期限の借金を2回借り換えます）。そのため、50億円借りていた場合、毎年元金相当として返済しなければならない額は1億円ではなく1.66億円（3.3%）です。

そのため毎年1.66億円－1億円＝6,666万円の資金不足が発生します。（下図）

図表：制度上避けがたい資金不足額（イメージ）

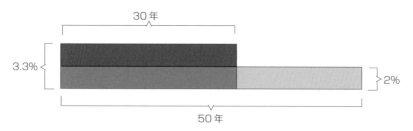

これをまだ発足したばかりの公営企業が毎年の稼ぎ（収益的収支の黒字）から捻出しようというのはかなり酷な話であり、発足したばかりの「若い」公営企業は必ず資金不足に苦しむことになります（その資金不足が20年も30年も続くことが、公営企業を役所が経営している唯一無二の理由です。なぜ民間の鉄道会社が地下鉄を経営しないのか、それはどんな大企業でもそんな長期の赤字には耐えられないからです）。

ただ、図をもう一度よく見てください。30年後、借金を返済し終わったとたん、2%相当のキャッシュの余裕が生まれます。資金不足が一転してキャッシュ・リッチに変わります。こうなると公営企業の収支は大幅に改善し、累積損失の解消も可能になります。

決算審査にあたっては、上記の事情を踏まえたうえで、「公営企業の赤字」が「公営企業の性格上やむを得ない赤字」なのか「本当に問題な赤字」なのかを判断してください。

　公営企業は必ず長期（中期）の財政計画を持っていますから、決算年次における実績値と、財政計画上の計画値を比べてみてください。計画より黒字側に振れていればOK、赤字側に振れていればその原因を追究しなければいけません。

　繰り返しますが、公営企業、特に「若い」公営企業が赤字なのは、避けがたい構造的なものなのです。そこの基本を押さえて審査意見書を作ってください。

＊1……松本英昭『新版　逐条地方自治法〈第9次改訂版〉』学陽書房、2017年

＊2……総務省「地方公共団体における内部統制・監査に関する研究会」平成31年3月29日「監査基準（案）」https://www.soumu.go.jp/main_content/000612916.pdf （2021年3月9日時点）

＊3……総務省「地方公共団体における内部統制・監査に関する研究会」平成31年3月29日「実施要領」http://www.soumu.go.jp/main_content/000612917.pdf （2021年3月9日時点）

＊4……総務省「財政状況資料集」 https://www.soumu.go.jp/iken/zaisei/jyoukyou_shiryou/index.html （2021年3月9日時点）

＊5……【地方自治法施行規則】
　　　第16条　決算の調製の様式は、別記のとおりとする。

＊6……地方財政状況調査（いわゆる「決算統計」）における概念で、一般会計のカバーする範囲は自治体ごとに異なっているため、自治体相互の比較が可能となるようにカバーする範囲を揃えたものです。財政力指数等の財政指標はこの普通会計ベースで算定されるものの、そもそも普通会計と一般会計は金額的にも内容的にも大差ないので、そのまま当該自治体の財政状況を示すものとして扱って問題ありません。

＊7……例えば、「平成30年度尼崎市蔵入歳出決算及び基金運用状況審査意見書」https://www.city.amagasaki.hyogo.jp/_res/projects/default_project/_page_/001/016/289/h30kessannkikinn02.pdf （2021年3月9日時点）

＊8……総務省「統一的な基準による地方公会計マニュアル」http://www.soumu.go.jp/main_content/000426687.pdf （2021年3月9日時点）

＊9……地方公営企業法施行規則第40条では、セグメント情報を正式に決算の報告事項とすることができるとしています。
　　　【地方公営企業法施行規則】
　　　第40条　セグメント情報に関する注記は、地方公営企業を構成する一定の単位（以下この

条において「報告セグメント」という。）に関する事項であつて、次に掲げる事項（重要性の乏しいものを除く。）とする。

一　報告セグメントの概要

二　報告セグメントごとの営業収益、営業費用、営業損益金額、経常損益金額、資産、負債その他の項目の金額

2［略］

＊10 …地方公営企業法施行規則第45条に定める別記第1号様式（予算書の様式）において、収益的収支は第3条に書かれていることから「3条予算」、資本的収支は第4条に書かれていることから「4条予算」と呼ばれます。

＊11 …「地方公共団体は、企業債のうち、地方公営企業の建設に要する資金に充てるものについては、償還期限を定めないことができる。この場合においては、当該地方公営企業の毎事業年度における利益の状況に応じ、特別利息をつけることができる」（地方公営企業法第23条）

無季
住民監査請求

とってもアメリカンな住民監査請求制度

　住民監査請求は、住民訴訟とセットで 1948 年（昭和 23 年）の地方自治法
改正で導入された制度です。住民訴訟はアメリカの納税者訴訟（taxpayers'
suit）をモデルとした民衆訴訟*1 であり、納税者が自分が直接には被害を受け
たものではない「税金の無駄遣い」や「公共物の管理不良」等について訴訟を
提起できるようにしたものです（普通の民事訴訟では、自分が直接被害を受
けていないことについて訴訟を提起することはできません）。1978 年（昭和 53
年）の最高裁判決は、住民訴訟の意義を以下のように判示しています。

　「…財務会計上の違法な行為又は怠る事実が究極的には当該地方公共団体の
構成員である住民全体の利益を害するものであるところから、これを防止する
ため、地方自治の本旨に基づく住民参政の一環として、住民に対しその予防又
は是正を裁判所に請求する権能を与え、もつて地方財務行政の適正な運営を確
保することを目的としたものであつて、執行機関又は職員の右財務会計上の行
為又は怠る事実の適否ないしその是正の要否について地方公共団体の判断と住
民の判断が相反し対立する場合に、住民が自らの手により違法の防止又は是

正をはかることができる点に、制度の本来の意義がある」（最判昭和53年3月30日）

　つまり、役所が間違えたりサボったり悪いことをしたりしたときに納税者市民がそれを咎め、裁判を起こして是正しようというもので、「エージェンシー問題」に対処するための、まことにアメリカンな制度です。アメリカは、そもそもが大英帝国の圧政に反抗して立ち上がった人たちが作った国ですから、「政府はろくなことをしない」という思想が強くあります。壮大な宇宙叙事詩「スターウォーズ」シリーズにおいても、主人公の属する正義の側は当たり前のように「反乱軍」であり、反乱軍が勝利する側です。かくのごとく「政府に反抗すること」を善しとするアメリカン・デモクラシーは、善かれ悪しかれ、お上に従順な傾向が強い日本ではかなり異質です。住民訴訟制度の発足当時はかなり違和感のある制度であっただろうと思われます。

　しかし、「同意と信頼の体系である代表制民主主義は、参加と反抗の体系であるところの直接民主主義によって常に監視されコントロールされなければならない」*2 ものです。国民が政治に対する関心を失うと、代表制民主主義は堕落します。代表制民主主義に刺激を与え「活を入れる」ところに直接民主主義の価値があります。そして、住民訴訟は日本の政治制度における直接民主主義の代表選手なのです。

　住民訴訟は、納税者1人であっても行うことができます。首長のリコールなど他の直接請求制度が大勢の署名を必要とするのに対し、敷居が低いのでよく活用されています。そして、住民訴訟を行うためにはまず監査委員に監査を請求しなければなりません（監査前置主義）。住民監査請求は、日本の民主主義を支える重要な制度の一環と言えます。

それでも定着してきた住民監査請求制度

　さて、日本における住民監査請求は、制度発足後40年ほどはあまり使われていませんでしたが、1990年代半ばから次図のとおり急増しています。

図表：住民監査請求件数の推移

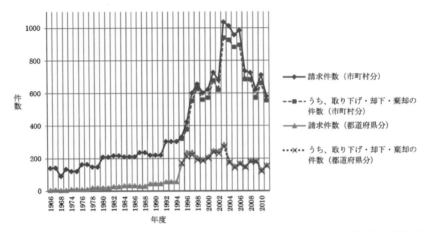

出所：金目哲郎「財政民主主義からみた住民監査請求制度の実態的側面の検討」弘前大学大学院地域
　　　社会研究科年報第 11 号 105-119 頁（2015 年）

図表：請求件数ごとの分布

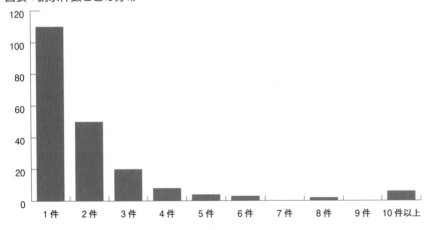

出所：全国都市監査委員会のデータをもとに筆者作成

これは直接的には 1995 – 96 年（平成 7 – 8 年）の公金不正と官官接待という不祥事の発覚にあたって市民オンブズマン等の市民団体が住民監査制度を積極的に活用したためであり、日本社会における行政不信の度合いを反映したものとも考えられます。さらに 2004 年（平成 16 年）頃からの 2 番目のピークは、大阪市職員厚遇問題等をきっかけに高まった行政批判の影響でしょう。そのあと若干減少してはいますが、毎年一定の件数の請求があり、制度発足から 70 年を経て住民監査請求制度は日本の地方自治制度にしっかり根付いたと考えてよいと思います。

ただし、住民監査請求がどれくらい頻繁に行われているかは地域差が大きいようです。全国都市監査委員会の調べによると 2017 年度（平成 29 年度）に住民監査請求を受けた市は 195 であり、全国の市 791 のうちのおおむね 4 分の 1（24.7％）です。しかし延べ提出件数は 490 で、1 市あたり平均は 2.5 件です。195 の市のうち半数以上は請求件数が 1 件ですが、1 年間に受けた請求件数はかなりバラツキがあります（図表：請求件数ごとの分布）。

住民監査請求の対象は財務会計上の行為

では、根拠法令である地方自治法第 242 条を簡単に解説します。

【地方自治法】

第 242 条　普通地方公共団体の住民は、当該普通地方公共団体の長若しくは委員会若しくは委員又は当該普通地方公共団体の職員について、違法若しくは不当な公金の支出、財産の取得、管理若しくは処分、契約の締結若しくは履行若しくは債務その他の義務の負担がある（当該行為がなされることが相当の確実さをもつて予測される場合を含む。）と認めるとき、又は違法若しくは不当に公金の賦課若しくは徴収若しくは財産の管理を怠る事実（以下「怠る事実」という。）があると認めるときは、これらを証する書面を添え、監査委員に対し、監査を求め、当該行為を防止し、若しくは是正し、若しくは当該怠る事実を改め、又は当該行為若しくは怠る事実によつて当該普通地方公共団体の被つた損害を補填するために必

要な措置を講ずべきことを請求することができる。

　住民監査請求の対象になるのは「違法若しくは不当な」次の行為です。住民
訴訟では「違法な」行為だけが対象ですが、監査請求では「違法ではないが不
当な」行為も対象になります。監査請求の方が、間口が広いのです。
- 公金の支出
- 財産の取得、管理若しくは処分
- 契約の締結若しくは履行
- 債務その他の義務の負担
- 公金の賦課若しくは徴収若しくは財産の管理を怠る事実

　このように広範な財務事務を対象とするために、大きな政策の争いがあると
きに政治的な目的で住民監査請求が使われることがよくあります。例えば、あ
る公共事業に反対する人たちが、その公共事業の関連経費について「不当であ
る」という主張をして監査請求してくるといったことは、普通にあります。敏
感な政治的イシューだと神経を使いますが、住民監査請求は法律が住民に認め
た権利です。監査事務局としては腹をくくって、法令に基づき粛々と監査を進
めることになります。

　なお、「これを証する書面」については、財務会計上の行為が「違法若しく
は不当」であることを証明するものという意味ではありません。あくまで請求
人が「違法若しくは不当」と「認めた（認識した）」ことの証拠であればよい
のです。当該財務会計上の行為が違法若しくは不当であったかどうかは、これ
から監査委員が監査して判断することなのですから。

　もっとも、監査請求にあたっては、監査すべき財務会計上の行為が特定され
てないといけません。しかしその場合でも、何年何月何日の何々の支出負担行
為というような細部まで特定することは必要なく「監査請求書及びこれに添付
された事実を証する書面の各記載、監査請求人が提出したその他の資料等を総
合して、住民監査請求の対象が特定の当該行為等であることを監査委員が認識
することができる程度に適示されているのであれば、これをもって足りる」[*3]
とされています。つまり、新聞記事が証拠として提出されていれば、その記事
が問題にしている財務会計上の行為は当該事務の主管課に聞けばわかるので、

それで十分ということになります。

> **【地方自治法】**
> 第242条　［略］
> 　2　前項の規定による請求は、当該行為のあつた日又は終わつた日から1年を経過したときは、これをすることができない。ただし、正当な理由があるときは、この限りでない。

　住民監査請求は誰でも簡単にできるものですから、完了してから長期間経った財務会計上の行為までも対象とすると、取引の法的安定性を欠くことになります。そこで出訴期間を1年と定めているのですが、問題は「正当な理由があるとき」です。最高裁は「財務会計上の行為などが秘密裡にされた場合に限らず、住民が相当の注意力をもって調査を尽くしても客観的に見て住民監査請求をするに足りる程度に財務会計上の行為などの存在又は内容を知ることができなかった場合」[4] としているので、「マスコミの報道等により市民がその事実を知った日」が事実上の起算日になることになります。

とても「せわしない」住民監査請求

　とにかく住民監査請求は、非常にせわしないのです。

　なにせ、たった60日以内に監査を終えて結論を出さないといけないわけですから、監査事務局にノンビリしている時間はありません。監査スケジュールの見直し、監査委員のスケジュール確保、人員配置等の体制づくりと、目の回るような忙しさになります。

　特に、「初めて住民監査請求を受けた」監査事務局だと、請求を受理するところから手続きがわからなくてパニックです（前回の監査請求が10年以上前、とかいう場合でも似たような状態になります）。

　手続きの書式などは、他都市のウェブページにアップされているので、それを参考にしましょう。大丈夫、他都市で問題なく使われているものなのですか

ら、心配は要りません（そう言って上司を安心させましょう）。

　書式だけ見てもわからないことは、「わかっている」人に聞きましょう。素人考えであれこれ悩むのは時間のムダです。悩んでいるヒマがあったら、近隣の、経験のある監査事務局に聞きに行くのが正解です。必ず、丁寧に教えてくれます。

　実務においては、請求者が住民監査請求に慣れている方ばかりとは限りません。何が「違法若しくは不当」な財務会計上の行為なのか、請求文書にきちんと書いてあるとは限らないのです。中には、理解することが難しい文章であったりすることもあります。どうしてもそれで請求するとおっしゃるのであれば致し方ありませんが、請求を受理する前に内容を確認し、必要な書類で足りないものがあれば追加をお願いし、文章のわかりにくいところは修正してもらうようにした方が良いと思います（このような作業を「補正」と言っています）。請求人が「話を聞いてもらえた」と感じてもらえるように、事務局側はできるだけ努力すべきです。経験上、そうした方がのちのちのトラブルが少ないからです。特に「役所への苦情」の発展形のような形で監査請求がされたパターンでは、請求者の話をよく聞いてあげることが大事です。

　請求の要件不備で受理しない決定をすることを「却下」と実務上呼んでいますが、却下となった理由の主なものは①請求が具体的に特定されていないことに次いで、②同一人による同一の財務会計行為に対する再度の請求が挙げられています[5]。つまり、請求結果に不満を持った請求人が、何度も何度も請求を繰り返しているという現象が見られるのです。それはお互いにとって不幸なことなので、「補正」の努力はやった方が良いと思います。行政不服審査法には不服申立てをしようとする者に対して「必要な情報の提供に努めなければならない」という規定があります[6]。住民監査請求にこの条項が直接に適用されるわけではありませんが、必要な情報はきちんと提供し、請求者に対して親切丁寧に対応することが大事です。現場のみなさんは苦情対応については経験を積んでいると思いますが、苦情者に対して「大変でしたね」とか「そういうことでお怒りなんですね」というように感情的な共感をすることは、自治体としての法的責任を認めることには全くなりません。監査請求の結果は「請求には理由がない」となることが多いので、「お気持ちはわかります」という関係

性ができていた方が、後日のトラブルが少なくなるように思います。

　なお、監査の結果「請求には理由がない」となることを、実務上「棄却」と呼んでいます。却下は監査せずに請求を受け付けないこと、棄却は監査の結果請求に理由がないとすることです。いずれも地方自治法の用語ではなく、民事訴訟法等の法令用語を転用しているものです。

ほとんど「法制事務」な住民監査請求事務

　地方自治法に定める住民訴訟は、訴訟の提起の前に必ず住民監査請求をするようになっているので（監査前置主義）、かなり多くの請求案件が監査のあと住民訴訟に行きます。つまり、監査請求内容について、住民訴訟における判例があるものが多いのです。特に政務活動費などメジャーな論点については過去何度も住民訴訟が行われていて、かなりの判例の蓄積があります。

　このため、判例を読んで理解しておかないと、監査結果が書けないということになります。もちろん監査委員は裁判官ではないので判例に拘束される義務はありませんが、判例を知らずに判例と違う結論を出していたら、請求者やマスコミ等に指摘されてちょっと恥ずかしいことになります。また、監査委員自身も基本的に判例に沿った判断をしたいと思うのが普通です。そうすると、過去の判例を理解して目の前の請求案件に適用することが求められます。ただ、それはいわゆる「法制事務」そのものであり、財務事務の専門家である監査事務局職員にとってはかなり負担の重い仕事です。実際、専門用語で小難しく書かれた判例を読んでサクサク理解できる職員は（法学部出身でも）マレです。所帯の大きな監査事務局では法制課経験者を配属させることもできますが、そうではないところではひたすら自分で勉強するしかありません。ここでも「わからなかったらわかっている人に聞く」が正解です。個人的な人脈でも何でも使って、わかっている人に教えてもらいましょう。

論点を整理し、事実に基づいて判断する

　監査請求に対して、監査委員として結論を 60 日以内に出さないといけません。却下せず請求を受理したならば、請求に基づいて勧告するか、請求に理由がないとして棄却するかのどちらかです。その際、請求者が不当・違法の「根拠」として挙げている「事実」を特定し、確認のうえ論証することになります。根拠となる理由を整理することが大変な場合もありますが、請求の内容を整理して「理由は○○である」という○○が事実かどうか確認します。

　一例として市長等の使っている「黒塗り公用車」についての住民監査請求について考えます。

請求「黒塗り公用車は不要であるので関係の支出を止めよ」

理由①　利用状況が極めて少ない

理由②　支出削減に対する努力を怠っている

　理由①であれば、黒塗り公用車の稼働状況、理由②についてはこれまでの役所サイドの取組みの経緯を検証することになります。そうやって確認された事実をベースに判断します。

　住民監査請求の結論は「請求人の主張には理由がなく、措置する必要は認められない」となることがほとんどです。日本の役所が、そうそう違法・不当と断じられるような財務会計上の行為をやっているはずがありません。しかし、事実としては棄却するとしても、請求人の意図に汲むべきところがあり、市政に反映させるべきと考えられる部分は、最後に「しかしながら…」という形で記載することをお勧めします。「監査委員の意見（要望）」という形で、請求者の気持ちを汲んであげるのです。それは決して単なるリップサービスではなく、今後の市政運営に役立つと考えるから意見として添えるわけです。そこが「落としどころ」でもあります。

市民の目による監視

　2019 年（令和元年）に関西のある市で空きビン回収業務を委託されている市内の業者が、契約より少ない人数で作業をしていたとして、市監査委員が委託料の差額を業者に返還させるよう勧告した事例がありました。決め手になったのは、請求者から証拠として添えられた回収業務中の業者の動画でした。今日、ほとんどの市民がスマートフォンを持ち、ごく簡単に写真や動画を撮影することができます。市民からの厳しい目が役所に向けられている大変な時代ですが、健全な民主主義社会の維持には、市民による政府の監視が必要なのも確かです。

　住民監査請求は民主主義を保つための重要な制度です。監査請求によって事務が改善されることもあります。住民監査請求を「降って湧いた仕事」と捉えるのではなく、事務改善などのきっかけにできるよう、前向きに取り組んでいただきたいと思います。

＊1……「この法律において『民衆訴訟』とは、国又は公共団体の機関の法規に適合しない行為の是正を求める訴訟で、選挙人たる資格その他自己の法律上の利益にかかわらない資格で提起するものをいう」（行政事件訴訟法第 5 条）
＊2……新藤宗幸「地方議会と直接民主主義」月刊都市問題第 64 巻第 4 号（1973 年 4 月号）
＊3……最判平成 16 年 11 月 25 日
＊4……最判平成 14 年 9 月 12 日
＊5……田中孝男『平成 29 年改正　住民監査請求制度がよくわかる本』公人の友社、2017 年
＊6……審査請求、再調査の請求若しくは再審査請求又は他の法令に基づく不服申立て（以下この条及び次条において「不服申立て」と総称する。）につき裁決、決定その他の処分（同条において「裁決等」という。）をする権限を有する行政庁は、不服申立てをしようとする者又は不服申立てをした者の求めに応じ、不服申立書の記載に関する事項その他の不服申立てに必要な情報の提供に努めなければならない（行政不服審査法第 84 条）

第4章

9・10月の実務

最初の公金不正——カラ出張

　1995 − 96年（平成7 − 8年）に「官官接待」とセットで発覚し、国民から轟々たる非難を受けた「カラ出張」とは、出張した事実がないのに架空の出張命令をつくり、旅費の支給を受けた職員から現金を召し上げてプールし、官官接待その他の「業務」に使用していたというものです（仕事に必要な備品や残業代の補填などにも使われていました）。官官接待とは、地方自治体の公務員が、許認可や補助金等をめぐる協議・折衝の際に有利になるよう、公費を用いて中央省庁の官僚に酒食等のもてなしを行っていたことを言います。前世紀には、そういうとんでもないことが、割と普通に行われていたのです。

　カラ出張にあたっては、役所内の文書である「出張命令書」はきれいに（会計の審査に引っかからないよう丁寧に！）作られていました。しかし、「出張していない」という事実の改変はできなかったため、市民オンブズマンやマスコミが出張命令書に記載された「用務先」に問い合わせることで、簡単に虚偽であることがバレました。なお、架空の臨時職員を雇う「カラ雇用」、嘘の印

刷を行う「カラ（空）コピー」などの手口もありましたが、役所の外の人間の協力が必要であったのであまり使われず、職員だけで完結する「カラ出張」が最も多く使われていました。

　公金不正が広く行われていた背景には、もちろん当時のコンプライアンス意識の低さがあるのですが、官官接待において高額の接待費が必要だったという需要側の事情と、国庫補助事業において当時制度上認められていた「事務費」が余りがちであったという供給側の都合が一致したという面もあります。そしてカラ出張を可能にしたのは「書式さえ整っていればよい」という役所の形式主義でした。

　公金不正は役所によっては数億円の金額になり、職員で何年もかかって返済しました。また関係職員の処分も行われました。今日では職員の意識も変わっていますし、職員が架空の出張で旅費の交付を受けたら詐欺罪に問われます。何より官官接待は絶滅し組織ぐるみで裏金をつくる必要がなくなりました。今日、架空の出張を行うなどということはほぼ考えられないのですが、監査としては「出張した事実」を裏付ける復命書等を整備しておくように指導すべきです。なぜ出張復命書が必要なのかと問われたら、かつてカラ出張などというけしからぬことが行われたからだと説明してあげてください。

巨額粉飾決算——夕張市財政破綻

　2006 年（平成 18 年）、北海道夕張市が財政破綻し、巨額の粉飾決算が明らかになりました。一般会計の規模（標準財政規模）が 44 億円程度しかなかった夕張市が、不適正な会計操作によって、292 億円もの債務を隠していました。この事実が伝えられるや、公募地方債市場が暴落（金利が急騰）しました。自治体決算の信頼性がマーケットから疑われたのです。政府はただちに動き、翌年 6 月には財政健全化法が成立し、全国の地方自治体は同法に基づき「健全化判断比率」を算定、監査委員の審査に付さねばならないことになりました。我が国の地方財政制度を大きく揺るがせた大事件でした。詳細は、本書 78 ～ 81 頁を参照してください。

夕張市の「出納整理期間中に当年度の予算で支出し、前年度の歳入として受け入れる」という操作は「会計年度独立の原則」に違反した違法な行為です。決算審査のときにそんな異様な支出を見つけるのは簡単なので、監査としてチェックすることは難しくありません。夕張市の粉飾決算は巨大であり社会に与えた衝撃も大きかったのですが，その後自治体における粉飾決算事件は起きていません。夕張のような極端に放漫な財政運営をしていなければ、そもそも巨額の赤字が発生するようなことにはならないからです。監査としては粛々と決算審査と健全化指標審査を行うことで十分だと思われます。

第二次公金不正――「預け」など

2009 年（平成 21 年）、会計検査院により、地方自治体における「預け」などの公金不正が摘発されました[*1]。以下、会計検査院の分類に従って不正の類型を説明します。

（1）預け金

業者に架空取引を指示するなどして、契約した物品が納入されていないのに納入されたとする虚偽の内容の関係書類を作成することなどにより需用費を支払い、当該支払金を業者に預け金として保有させて、後日、これを利用して契約した物品とは異なる物品を納入させるなどしていたもの。

国庫補助事業の事務費等を財源とし、業者（ほとんどの場合、会社法等の規制を受けない非上場の地元個人事業者）に指示して架空の見積書・納品書・請求書等を作らせ、役所から支出を行い、それを「預け金」としてキープさせ、後日、それを裏金として使うという手口です。会計検査院の報告によれば、「職員の夜食代等業務の目的外に使用」していたケースもあったということです。「カラ出張」で轟々たる非難を浴びた悪習が、水面下で持続していたばかりでなく、手口が巧妙化していました。業者と通謀しているので、役所における書類はきれいに整っており、役所にある書類を監査しているだけでは不正かどうかは全くわからないようになっていました。特に「預け」型公金不正は印

刷消耗品費等の需用費が使われるため、「購入したかどうか」という事実の確認を事後的に行うことが難しかったのです。年度末に多額・大量の事務用品を購入したようなかなり怪しいケースでも、「現物を見せてください」と問いただしたとき「全部使ってしまってもうない」と言われてしまうと押し問答になってしまいます。もともと公共事業では設計図書等で大量かつ多額のコピーを行うので、どれが架空の取引であるかを役所にある書類から判別するのはほぼ不可能でした。会計検査院によって業者の書類が調べられ、初めて実態が明らかになったものです。

　この「預け金」を自分たちの遊興に使った職員は、詐欺罪で逮捕されています。嘘の書類で役所を欺いて、財物を交付させたことになるからです。

県職員2人、着服金で料亭豪遊

　A県で2007年度（平成19年度）までの5年間に約30億円に上る不正経理が行われていた問題で、私的流用の疑いが出ている約1億円のうち、詐欺罪で起訴された職員2人が「預け」の手口で着服した約2千万円を、高級料亭で遊ぶ費用などに充てていたこと等が、裁判で明らかにされた。県警が今年2～6月に摘発した公金詐欺事件では、当時の農林水産部職員3人が起訴された。（2009年（平成21年）9月　新聞報道より筆者作成）

---

(2) 一括払い

　支出負担行為等の正規の経理処理を行わないまま、随時、業者に物品を納入させたうえで、後日、納入された物品とは異なる物品の請求書等を提出させて、これらの物品が納入されたとする虚偽の内容の関係書類を作成することなどにより需用費を一括して支払うなどしていたもの。

　複数の発注を、まとめて1回の支払いで済まそうとしたものです。1万円のものを10回買ったのにもかかわらず、10万円の支払い1回で済ませようという横着な事務処理です。「預け金」等で虚偽の関係書類を作ることに馴れてしまったために起きたと思われる、方向性を間違えた、ダメダメな事務の省力化でした。

（3）差替え

　業者に虚偽の請求書等を提出させて、契約した物品が納入されていないのに納入されたとする虚偽の関係書類を作成することなどにより需用費を支払い、実際には契約した物品とは異なる物品に差し替えて納入させていたもの。

　「コピー代でデジカメを買う」というようなケースが典型でした。現物を納入させ、現金が業者に滞留しないので「預け」ではなく「差替え」と分類されています。多くは仕事に必要な備品を買っていたものの、備品台帳に載らない備品が職場にゴロゴロしているという財産管理上はなはだ好ましくない状態を生んでいました。その備品を持ち帰って私的に使用すれば、当然犯罪になります。

県職員が公金で自宅用テレビ～不適切経理、懲戒免職

　B県は8日、不適切な経理処理をした上、その公金で自宅用の大型液晶テレビなどを購入したとして、課長補佐（55）を同日付で懲戒免職処分にしたと発表した。さらに調査を進め、刑事告訴する方針。課長補佐は不適切な経理処理で配分を受けた公金を流用、45型液晶テレビと関連機器計約91万円分を県の備品として購入し、自宅に納品させたという。動機について「職場の備品として購入したが自宅に欲しくなった」と話しているという。（2010年（平成22年）12月　新聞報道より筆者作成）

　このように多くの処分者を出すなど、大きなインパクトがあったことからこのタイプの公金不正はほぼ絶滅しました。ただし、組織の片隅に慣行として残っている場合があるので、やはり注意は必要です。次に掲げるのは2014年度（平成26年度）の監査で見つかった事例です。

　消耗品費の経理処理について、購入内容と異なる物品を納品させていた不適正な事例が環境部（一般廃棄物最終処分場）において認められた。

　また、同部署の消耗品費の予算執行は年度末に集中しており、計画的な予算執行とは言い難く、加えて必要性についても精査するべきである。（2014年度（平成26年度）のある市の監査報告書を基に筆者作成）

（4）翌年度納入

　物品が翌年度以降に納入されているのに、支出命令書等の書類に実際の納品日より前の日付を検収日として記載することなどにより、物品が現年度に納入されたこととして需用費を支払っていたもの。

　4月以降に納品されたものを3月以前に納入されていたと期日を誤魔化すものです。主として予算消化のために行われていたと思われ、ひどいケースでは新年度（4月）に入ってから発注していたケースもありました。ただし、年度末近くに納期を設定していて業者のミスで納品が間に合わないというような場合にも発生するため、事案の悪質性は総合的に判断する必要があります。例えば統一地方選の事務などどうしても事務用品等を3月に発注・納品しなければならないケースで、ドタバタしている中で納品が4月にずれ込んでしまったような場合は、ほとんど悪質性はないと言えます。一方、予算消化を目的に必要ないものを年度末に発注しているとしたら、それは厳しく咎めて指導すべきです。

（5）前年度納入

　物品が前年度以前に納入されているのに、支出命令書等の書類に実際の納品日よりあとの日付を検収日として記載することなどにより、物品が現年度に納入されたこととして需用費を支払っていたもの。

　「予算がないけど、今必要なので、来年度の予算で払うから先に納品して！」という「貧乏人の悪知恵」的性格の不適正経理です。前述（1）～（4）の「余った予算を処理する」ための不適正経理と比べると明らかに毛色が違っていますが、「事実と異なる経理書類を作る」という点では共通しており、まことに好ましくないことも同様です。こういうケースでは、発注した職員が異動してしまい、前年度に納入した物品の支払いについて引き継ぐことができず、支払ってもらえない業者が怒り出して発覚するというのがひとつのパターンです。「今」必要なものならば、「今」予算を確保すべきであり、財政当局を説得して予算流用などの予算措置をすればよいのです。庁内の関係課に対してすら説明できないようなものを買ってはいけません。一方で、予算流用等について過度に厳格な運用をしていると、現場が委縮してこのような「便法」に走

るリスクがあるということを、財政担当部局は知っておいた方がよいです。

その他の好ましからざる事務処理の類型

不正経理というほどのことではありませんが、「やってはいけない」事務処理もいくつかパターンがあります。財務事務を中心にいくつか紹介します。

（1）事後決裁

契約等において決裁権者の承認を得ずに発注・納品等を行うこと。少額の消耗品や実行委員会等の準公金の支払いで立替払い等が散見される他、近年では「正しい事務処理方法がわからない」という理由で公金の支出を職員が自腹で負担する事案が目立つようになっています。

役所が契約等の法律行為を行う際に「事前に」適切な決裁権者の決裁を受けることは、内部統制の基本中の基本です。緊急事態等で書面決裁を受ける暇がないようなケースでも、口頭で決裁権者の了解を得ておき、可及的速やかに書類を整えることになります。そうでなければ、その法律行為が組織としての行為と見なされず、当該職員個人が行った行為となってしまうからです。当然その法律行為の責任は職員個人に帰属することとなり、例えば契約行為であれば、職員個人に支払い義務が発生してしまうことになります。

太っ腹職員？ 500万円自腹。電気代2か月分「契約書作れず…」

C県図書館で会計や施設管理を担当する男性補佐（55）が、同館の電気代2か月分の支払いを滞納し電力会社から督促を受けて自腹で払っていたことが判明した。補佐は「料金を支払うための決裁書の作り方がわからなかった」と話している。電力会社から「これ以上遅れると電気を止める」と言われ、自費で合計約500万円を振り込んだ。不審に思った電力会社から同館に連絡があり、発覚した。補佐はこの他にも上司の決裁を受けず修繕や車検を発注、支払い手続きが遅れて遅延金を発生させていた。県は補佐を減給6か月の処分とした。（2011年（平成23年）12月　新聞報道より筆者作成）

このケースのように、近年「正しい事務処理のやり方を知らなかったので自腹で払った」というケースが目立ちます。これは、役所の伝統的な業務管理において、個々の業務（タスクベース）での進捗管理を職員個人に委ねてきたことに起因していて、なかなか頭の痛い問題です。欧米の組織では事務処理一つひとつの進捗をスーパーバイザーがチェックする体制があるようですが、日本では個々の業務（契約やそれに基づく支払いなど）の進め方は職員の裁量に任されていたため、職員が仕事を抱え込んでしまっても周囲が気が付きにくいという状況があります。近年の業務負担の累増等により正規の事務処理を勉強する余裕がなく、同僚・上司にも相談できずに抱え込んでしまうと、事務処理がまるごと欠落するという事態が発生してしまいます。「一件書類」がまとめて欠落しているため、監査では非常に気づきにくいのですが、例えば当然支払われているべき光熱水費やレンタル料などの支払いの書類がなかった場合、確認は行うようにしましょう（本来は監査に言われる前に現場で気づいて当然のことなのですが…）。

（2）分割発注

　一度に発注可能な物品・役務を、契約担当課への依頼や入札事務を回避するため、複数契約に分けて契約すること。同じ物品・役務を原課契約できる金額以下に分けて短期間に同じ業者に発注しているケースなどが典型です。

　事務用品等の購入の場合、ある程度まとめて発注することは当たり前であり、どのような「まとめ方」をするかは発注課の裁量です。仮に「10万円以上は契約課契約」というルールがあったとして、AとBとCをまとめて9万円、同時期にDとEをまとめて5万円の発注をしているといった場合、「まとめて契約課契約とすべきではないか」などと言ってもあまり実益がありません。まとめたからといって、大して値段が下がるわけでもないからです。明らかに一体の発注を無理に分割しているようなケース（同じ日に同じ業者から同じものを2つ買っているのに、わざわざ1個ずつ2つの契約に分けている等）について注意するくらいで十分だと思われます。契約担当課と原課の事務の分担という内部ルール違反に過ぎず、悪質性のないことも結構あります。

　分割発注は、「契約担当課に頼むと自分でやるより面倒」と思われていると

起こりやすい傾向があります。お金を払って仕事をプロに頼めば自分が楽になるのが普通ですが、役所内の依頼の場合、無料である代わりにかえって面倒になることが多いのです。典型的な官僚制の逆機能であり、内部サービス部門が内部顧客に対して良いサービスを供給できていないということでもあります。これを放置すると組織全体の能率が下がり、また職員のモチベーションを損ないます。分割発注が横行しているような場合、監査としては契約事務の仕組みについて問題がないのか検討を加えるべきです。もちろん、不正経理事件は必ず「原課契約」で起きるため、多額の需用費の執行に伴う「不自然な発注の分割」のような怪しいケースは、監査としてきっちりチェックしないといけません。

（3）あいみつもり

　契約する業者に他業者の見積書を提出させること。見積書が同じ筆跡で書かれている、見積日が空白、不採用の方が手書きで書かれている等の特徴があります（まっとうな契約手続きである「相見積もり」と区別するため、ここではひらがなで「あいみつもり」と表記します）。

　こういうことをされると見積り合わせの競争性が失われてしまい、見積り合わせの意味がなくなってしまいます。しかし、現実には以下のような実情がありました。

たばこ部屋での風景

　かつて市役所に「たばこ部屋」があった頃の昔話。事務用品などを取り扱う会社の営業さんたちが一服しながら情報交換（噂話）に興じている。「今度の○○部長は××さんなんだって？」役所人事の話は、営業トークとして鉄板のキラーコンテンツなので、情報収集に余念がない。たばこが1本灰になり、話が一段落した頃「じゃ、これな」と言ってお互いにカバンから取り出す役所様式の書類数枚。社名・代表者名を記入し社印を押した、市役所所定の見積書である。金額・品名などその他の項目は記入されていない。書類を交換すると「じゃなー」「おう、またな」と言って散会する営業さんたち。役所から物品の発注を受けたときに他社の見積もりを要求されるため、お互いに見積書を融通し合うのである。彼らの1

人が心の中でつぶやいた。「こんな安いものまで見積り取るとか、お役所仕事の典型だよなー。見積り真面目にやらせたいなら、それなりの金額発注してもらわないと、見積りする人件費で赤字だっつーの。だいたい自分のカネで買い物するときでも、数万円くらいのもので見積り取ったりしないよなぁ」

　このように、少額の契約でも見積り合わせを要求されるような場合に、このような良からぬ慣行が蔓延することになりやすいのです。少額の契約についてまで見積り合わせを行うと、見積書作成のための時間や手間のコスト（取引コスト）が大きくなってしまい、契約獲得により期待できる利潤が実質的に非常に小さくなるか、もしくはなくなってしまいます。「そんな面倒くさいことをさせるのなら、よそから買っていただいて構いませんよ」というのが業者さんのホンネであり、それが「あいみつもり」などの好ましからざる慣行を生む理由です。もちろん役所の側も業者さんに嫌がられているのがわかっているので強く言えないわけです。入札（見積り合わせ）は、経済性を担保し不正を防ぐ重要な手続きであるからこそ、取引コストまで含めて経済的合理性に立脚した制度設計にしないと機能しません。監査においても、「あいみつもり」を見つけたら違反事象を指摘して終わりにするのではなく、同時に見積り合わせの制度設計についても当否を検討する必要があります。

（4）支払い遅延

　請求書を受理してから支払処理までに時間がかかっているケース。支払遅延防止法による期限は「請求から30日以内」なので、これを超えると遅延利息が発生することがあります。履行が終わったら速やかに請求書を徴して支払うのは、財務事務の基本です。ただし中小企業等で事務が遅く、なかなか請求してこない会社もあるので、請求が遅いのなら業者に催促し、請求書をもらったらさっさと払うようにしなければいけません。

　「あとでまとめて」と書類を溜めてしまうと、トラブルの元となります。前述したように、現状では職員が仕事を抱え込んでしまうとチェックが難しいので、将来的にはＡＩ等によるタスクごとの進行管理に移行すべきものです。

（5）履行前の支払い

　契約の履行が完了していないのに支払を行っているもの。年度末までに履行が完了していないものに仕方なく払っているものがほとんどです。

　そもそも、年度末までの履行が求められるのは、「会計年度独立の原則」を定めた地方自治法第208条を受けて、歳出の会計年度所属が「工事請負費、物件購入費、運賃の類及び補助費の類で相手方の行為の完了があった後支出するものは、当該行為の履行があった日の属する年度」と定められているからであり、この条項は基本的には「決算を正確に行う」ためのルールです。

　もちろん、会計年度所属区分の乱れは前述の公金不正や夕張型粉飾につながるものであり、会計年度所属区分は、規律ある財務運営を行う上で尊重すべき、非常に大事なルールではあります。しかし、会計年度所属区分を誤っていたときの処置等は法令には存在せず、罰則もありません。また、支出が出納整理期間までに行えなかったものについては過年度支出できる規定があり、年度内に履行が間に合わなかったとしても支払いは可能です（とても格好悪いのは確かですが）。もし契約の履行期限内に履行が完了しなかったことの責任が相手方にあるのであれば、契約を解除して支払いを拒否することも検討すべきです。監査としては、「そもそも無理な契約をしていないか」という視点でチェックすべきであり、特に「履行期間が短く」かつ「履行期限が3月末」のものは必ずチェックするようにしましょう。また、「履行前の支払い」は非常に多忙な職場で起きやすい現象でもあるので、この現象を見つけたら当該職場の内部統制は要チェックです。計画的に、余裕をもった納期の設定を行うのが基本であり、「予算がついているから」と闇雲に契約するのは、極めて危険であるということを監査で指導してください。

（6）あとから書類作成

　年度を超えるなど時間が経ってしまったあとに、過去の決裁等をあとから作ること。

　近年、公文書管理に対する市民の目が厳しくなっており、過去の決裁等をあとから作ると、虚偽公文書作成の罪に問われる場合があります。過去の特定の時点で作成すべき公文書を、あとから作ることはできないので、ミスを認めて

追認の決裁を取るというやり方が妥当でしょう。

官僚制の逆機能＝組織の病気

　これまで、公金不正から始まるさまざまな「好ましからざる事務処理」の類型を見てきました。これらは組織における病気であり、多くは官僚制の逆機能から発生しています。つまり、本来は望ましい機能が、歪んだり過剰であったりして起きる病気なのです。

　「法令に基づく行政」が行き過ぎると、杓子定規で融通のきかない対応となり、「公平性」が暴走すると、個別事情を斟酌しない画一的な対応となります。窓口で不親切で人間味に欠ける態度をとる公務員がいるのは、「公平性」への過剰な思い入れが原因かもしれません。あらゆる業務について書類で処理する「文書主義」は、組織内の情報共有を進め、業務の継続性を担保し、事後的な検証を可能にする、近代官僚制を成り立たせる基本原則の一つですが、行き過ぎると繁文縟礼（はんぶんじょくれい）（煩雑すぎる手続き）や、「書類さえ整っていればよい」という形式主義を生み出すことになります。また、規則や手続きを遵守しようとする態度が、規則や手続きそのものを絶対視するような態度へと転化するなど、「手段」が「目的」に転じてしまうという「目的の転移」もしばしば見られます。官僚制の逆機能は、階層型の組織構造を持ち、権限と責任の体系を持つ組織（＝官僚制組織）においては普遍的に見られる現象であり、それゆえ「そうなりやすい」ことを自覚して対処しなければいけないものです。民間企業であってもこのような現象は普通に見られます。

　そういう意味で、これら「組織の病気」はリューマチなどの自己免疫性疾患と似ています。花粉症や膠原病などの自己免疫性疾患は、治療が難しいことで知られています。本来、自己を守るために異物を認識し排除する役割を持つ免疫系が、自分自身の正常な細胞や組織に対してまで過剰に反応し攻撃を加えてしまうことで症状を起こすのが自己免疫性疾患だからです。病気の原因は自分自身、だから簡単に治るものではないのです。しかし、幸いなことに行政組織は人体ほどには複雑ではありません。職員に対して過剰に負担を与えている出

来の悪い統制活動があれば、修正することができます。それは、たぶん花粉症を完治させることよりは簡単でしょう。

　監査は行政組織の主治医です。「好ましからざる事務処理」はより深い組織の病気の表面的症状であることが多いので、しっかりと現状を把握し、問題のあるルールや仕組みの改善に向けて監査を行いましょう。

＊1……会計検査院「平成20年度決算検査報告　第4章国会及び内閣に対する報告並びに国会からの検査要請事項に関する報告書第3節特定検査対象に関する検査状況第2都道府県等における国庫補助事業に係る事務費等の経理の状況について」http://report.jbaudit.go.jp/org/h20/2008-h20-0822-0.htm（2021年3月9日時点）

第5章

11・12月の実務

Ⅰ　行政監査

「部局またがり」の業務に有効な行政監査

　A市公共施設予約システムは、インターネットで市所管の文化・スポーツ施設の利用予約ができる、たいへん便利なシステムであり、非常に多くの市民に利用されています。しかし、システム発足後10年以上が経過し運用上の問題や使いにくさが出てきていました。定期監査等で関係課に運用状況について聞き取りを行ったところ、システムの運用に課題があるという認識はそれなりにあったものの、どこの所属も自らの仕事として捉えていないという実情が浮かび上がりました。中心となって改善に取り組むべき「所管課」が不明確という、たいへん困った状況でした。

　そこで行政監査のテーマに公共施設予約システムを設定し、監査を行いました。その結果、部局間の連携の不十分さによる事務ミスの他、料金徴収について運用実態と規則が整合していないことなどが判明し、是正を求めました。また、同システムでは同一日に複数団体の申込みがあった場合、コンピュータによる抽選で利用者を決める仕組みになっていたのですが、代表者住所と連絡先

電話番号、銀行口座名義人が同じ団体が多数あり、「ダミー団体による登録」が強く疑われるケースが見受けられました。そして利用者から「なぜ特定の団体ばかりが当選するのか？」という声も寄せられていました。さらに、多数の予約を入れ、キャンセル料がかかる直前にその多くを取り消す団体もありました。このような「運用の不具合」について、各課の担当者は問題の存在は認識していたものの、誰も「自分の仕事」という自覚を持っていない状況でした。

　一般的に、コンピュータシステムが介在し、関係課が多数ある業務の見直しを行うためには、大きなエネルギーが必要です。しかし、施設を所管する部署の多くは、多数の施設を抱えており、それぞれの施設の維持管理や運営全般についての日々の業務に忙殺されている状況で、見直しに着手する余裕がないという状況もうかがえました。

　しかし、多くの市民が利用するシステムにおいて不公正な利用を放置することはできず、また管理運営の効率性という点でも明らかに課題がありました。監査結果としてそれらの問題点を指摘したうえで、関係所属による推進体制を明確に定め、監査結果で指摘した事項について集中的な見直しを行うように求めました。この監査委員の勧告を受けて、情報システム部署が中心となってシステムを利用している公共施設の関係者に対して各々の役割を再確認することを求め、事業全体の推進体制について明確に定めて周知徹底しました。また関係課による検討会を設置し、情報共有や諸課題の改善に向け検討を行っていくこととなり、同システムの改善が進められました。

　このように、単一の所属で完結しない「部局またがり」の仕事について、問題を解決し業務改善を行おうとするとき、行政監査は非常に有効です。

「新しい監査」である行政監査

　1991年（平成3年）の改正で地方自治法第199条に第2項の行政監査が追加されるまで、監査委員の監査対象は「財務事務」に限定されていました。

> **【地方自治法】**
>
> 第199条　監査委員は、普通地方公共団体の財務に関する事務の執行及び普通
> 地方公共団体の経営に係る事業の管理を監査する。

　ちなみに後段の「経営に係る事業」とは、公営企業の他、森林、牧場、市場
等の「収益性の観点のある」ものを言い、そのような事業についてはその「経
営」、つまり財務事務以外の組織運営等についても監査することができるとさ
れていました。逆に言うと、収益性の要素のない一般行政事務においては、財
務に関する事務でないものは監査の対象とならないという解釈でした。

　しかし、地方分権の議論が進む中で「公正で能率的な行政の確保に対する住
民の関心が一段と高まってきており、これに応え監査委員による監査機能の
充実強化を図るために」*1、第2項を追加して「普通地方公共団体の事務の執
行」についても監査をすることができるようにしたものです。

> ②　監査委員は、前項に定めるもののほか、必要があると認めるときは、普通地
> 方公共団体の事務（自治事務にあつては労働委員会及び収用委員会の権限に属す
> る事務で政令で定めるものを除き、法定受託事務にあつては国の安全を害するお
> それがあることその他の事由により監査委員の監査の対象とすることが適当でな
> いものとして政令で定めるものを除く。）の執行について監査をすることができ
> る。この場合において、当該監査の実施に関し必要な事項は、政令で定める。

　第2項でいう「事務の執行」とは、一般行政事務そのもの、すなわち内部組
織、職員の配置、事務処理の手続き、行政運営等です。全くお金の出入り（財
務）に関係ない人員配置や事務処理手続きについても監査の対象とすることが
できます。カッコ書きの除外対象事務は、法定受託事務のうち国の防衛等に支
障をきたすおそれのある事務など極めて限定されています。つまり地方自治体
の一般行政事務について、ほぼ全部を監査の対象とすることができるのです。

　もちろん、財務事務の範囲は広いので、法改正以前でも財務監査で大体のこ
とはカバーできていたのですが、それだけでは十分な監査ができないケースも

ありました。

　例えば補助金の交付事務で問題があったような場合を考えてみましょう。

① 補助金の支出が交付要綱に従っていなかった➡問題なく財務事務といえる
② 補助金交付要綱の規定が不適切であった➡「支出の方法を決めるルールだから財務事務だ」と監査が指摘しようとしても、交付要綱そのものの改廃は支出を伴うものではないので「財務事務ではない」と強弁される可能性があった（実際昔はそういう揉め事も結構あった模様）
③ 交付事務の最初から最後まで１人の職員が担当していて、周りからのチェックがされていなかった➡全く財務事務ではないので、以前は指摘できなかった

　なお、文理上行政監査は財務監査を包含するものなので、「行政監査」と銘打った監査で、同時に財務的事項を監査することには何の問題もありません。
　かくして、監査委員をパワーアップすることを目的に1991年（平成3年）の地方自治法改正で行政監査が追加されたのでした。「新しい監査」として生まれた行政監査は、従前の定期監査を補完し、その欠点を補うような運用がなされてきました。
　定期監査は財務監査であり、期日を決めて実施します。また、定期監査は通常、部局単位で実施するので、「部局またがり」や「全庁共通業務」については十分な監査ができないという弱点があり、行政監査はその弱点を補う形で実施されてきました。
　行政監査は財務を含むすべての事務を監査します。典型的な行政監査は、テーマを決めて、全庁共通業務や部局またがりの業務を対象とするものです。そういうやり方をした方が、有意義な監査になりやすいと私も思います。ただしこれはあくまで現実の運用がそうであるというだけで、法令によってそのように実施せよと定められているものではありません。実際、定期監査と行政監査を「同時に行う」としている自治体もあります。定期監査で「行政監査を兼ねる」としておけば、③の例のように「業務の割り振り」といった「非財務事務」について指摘しても文句を言われる心配がないというメリットがあるから

です。しかし、定期監査のときに行政監査を実施したら、別途テーマを設定しての行政監査をしてはいけないという決まりもありません。したがって、定期監査以外でも必要性があり、かつマンパワーが許すならば、是非テーマ設定型の行政監査を実施していただきたいと思います。

行政監査は面白い！

　定期監査は、組織にとっての定期健康診断のようなものです。定期健診を毎年着実に実施することの意義は大きいのですが、時間が限られ、かつ監査対象が当該部局に限られるため、監査深度がどうしても浅くなってしまいます。そのため、監査対象部局で完結する小さめの問題、組織を人体にた例えると風邪とか下痢くらいしか定期監査では扱えないことになります（もちろん「風邪は万病のもと」であり、大きな病気の兆候を見逃さないためにも、毎年きちんと「定期健康診断」を行うことの意義は極めて大きいのですが）。

　一方で、テーマを定めての行政監査は、「全庁共通業務」や「部局またがり」の業務など「大きめの病気」への対処ができるので、非常にやりがいがあります。本章冒頭で紹介したような「部局またがり」の業務は関係課が「すくみ合って」いて問題が放置されることが多いので、行政監査で取り組むとたいへん効果的です。

　行政監査は、全庁的に俯瞰して業務を見ることができる、監査委員の職能を最も効果的に発揮することができる手段です。それゆえ、「債権管理」「公有財産管理」「指定管理者制度の運用」など、全庁横断的な業務で問題を抱えやすいもの（役所の「苦手科目」）を扱うと大きな業務改善につながります。もし、「債権管理」だと対象範囲が広すぎて期限内に監査が終わらないというのであれば、「不納欠損処理について」などテーマを絞ればよいのです。そういう機動性が、行政監査の持ち味でもあります。

　また、行政監査は手法が自由です。自分で考えて監査のやり方を決めることができるので、創造的で面白い仕事です。通常の書類の監査、関係職員の聴き取りなどの他に、現場に行って関係者（利用者や委託業者などを含む）の声を

聴き、実際の業務オペレーションがどのように行われているかを実際に見ることは、机上で書類を見て考えているだけでは得られない気付きを与えてくれます。また、全庁業務であれば当該業務に従事する職員へのアンケートを行うことで業務の問題点が見えてくることもあります。アンケートで得た職員の肉声を制度所管課へ届けることで制度の改善に弾みがついたこともありました（旅費について「旅費の計算に1日つぶれるのはたまらない」等の「アンケートから拾った声」を制度所管課にぶつけたところ、旅費制度の簡素化につながりました）。

　また、先進事例や類似規模団体等における同種の事業についての取組状況を調べることで課題解決の方向性が見えることもあります。このあたりは文献やインターネットによる調査がベースになるので、ややアカデミックな取組みとなりますが、「現実の問題解決」を目の前に見据えての調査研究なので、ただの「レポート書き」などとは比較にならないくらい面白い仕事になります。

　なお、こういう調査をするときには当然、近隣自治体の状況も調査しますが、その結果についてはやや取扱いに注意が必要です。隣接自治体で実施されている施策で、やっていて当然と思われることができていない場合、過去の経緯や何らかの事情があって「やむにやまれず」できていないこともあるからです。担当課が隣接自治体の状況を知らないということは通常あり得ないので、そのへんの事情を踏まえたうえで監査報告書を作成する必要があります。

　定期監査における指導・指摘は、個々の部署に対して散発的に行われるため、部署をまたがる制度や手続きに問題があったとしても、それを取り上げることは簡単ではありません。一方行政監査では、全庁的な仕組み、手続き、ルール等について「横断的な比較ができる」ことが強みです。定期監査で「突っ込みが足りてない」と認識されているものを取り上げ、定期監査の補完のために有効活用してください。

執行部への改善提案も可能

　行政監査を活用すれば、執行部への事務改善を促すことができます。

本県の長期継続契約の対象業務は、他の都道府県に比べ、やや限定的に過ぎる
ことが懸念されるため、経済性の向上を確保する仕組みを整備することを前提と
した上で、庁舎管理関係業務など対象業務の種類の拡大を検討する必要があると
考えられる。*2

　長期継続契約制度の活用による事務改善を促した行政監査の例です。役所に
は清掃、警備など年度を通じて（4月1日から3月31日まで）行う必要があ
る業務の委託契約がたくさんありますが、伝統的な地方自治法の解釈では、入
札等は支出負担行為の一環なので、当初予算が有効となる4月1日以前には入
札等を行ってはならないということになっていました。当然、実務上たいへん
困るわけで、小規模な自治体であれば4月1日に全部の入札と契約を無理やり
に行うこともできるかもしれませんが、ある程度以上の規模の自治体ではそん
なことは物理的に難しい（委託を受ける業者も対応できない）ため、さまざま
な対応が図られてきました。
　例えば、4月の1か月だけ従前の業者と随意契約し、4月に入札を行って5
月からの11か月で契約するというようなやり方です。これは明らかな二度手
間であり、理不尽感の強いやり方でもありました。そもそも4月から仕事をし
てもらわないといけないのに、4月になるまで入札すらできないというのは不
合理です。
　そこで、2004年（平成16年）の地方自治法改正で長期継続契約の範囲が拡
張され、「長期継続契約の範囲を定める条例」を定めれば、清掃・警備などの
施設管理業務について長期継続契約とすることができるようになりました。長
期継続契約であれば、年度にこだわらず契約できることから、4月1日開始の
業務を3月以前に入札し契約することができるわけです。
　ところが、神奈川県においては非常に厳格に長期継続契約の対象を絞ってい
たので、それに対して他都道府県の実態調査の結果を踏まえ、「庁舎管理関係
業務など対象業務の種類の拡大を検討する必要がある」と監査委員が意見した
ものが先の例です。この行政監査においては、長期継続契約の経済性について
も実態調査に基づいて客観的な検討が行われており、県庁の業務改善に資す

る、たいへん優れた行政監査だと思います。

監査事務局職員の戸惑い
──「政策系」行政監査は難度が高い

　大規模自治体B市で「行政監査」を担当することになった監査事務局職員のC君は、監査委員の指示で「青少年施策の部局間連携について」という有意義なテーマに取り組むことになりました。張り切って資料を集め始めたC君は、教育委員会や児童福祉担当部門以外でも、実に多くの部門が青少年施策に関係していることに気がつきました。環境部門は子どもたちを集めて環境教室を行っていたし、交通部門は施設見学会、防災部門は防災講座を行っているというように。「全く青少年に関係しない部署はないのでは?!」とC君は思いました。実際のところ部署によって濃淡はあったものの、ほとんどすべての部門が何らかの青少年施策を行っており、膨大な資料が提出されました。監査委員の問題意識は「あっちでもこっちでも同じようなことをしていないか」という至極もっともなものであり、C君はじめ行政監査担当は、手分けして膨大な資料を読み込むとともに、各部門の青少年施策の担当者のヒアリングを行いました。その過程で、各担当課が認識している課題や問題点を把握して、整理しました。ヒアリングの際「他部門との連携は?」という投げかけを行ってみましたが、「なかなか難しいですねえ」という反応が多く、肯定的な反応は得られませんでした。時には「えーっ、忙しいのに」と資料提出を渋られることもあったのですが、なだめすかし、時には強い言葉も使ってなんとか資料を収集しました。一生懸命に監査報告書をまとめ、監査委員に報告し、「労作だね。よくまとまっているよ。お疲れ様」という労いの言葉をもらいました。各担当部門からヒアリングした問題点も整理して監査委員意見として反映できたので、市の青少年施策を前進させることができたと思っていたのですが、監査公表後に知り合いの担当課の課長から苦笑交じりに言われた言葉が、心に引っかかっています。「監査委員からのご指摘を踏まえて、頑張るよ。…まあ、議会やマスコミからもさんざん言われていることではあるんだけどね」。そう言わ

れて気がついたのでした。今回の監査では、「新たな事実」の発見がなく、監査委員意見も担当課の問題意識をなぞるまでで終わっていたことに。

　政策について行政評価的な切り口で行政監査が実施されることがあります。その意義を否定するものではありませんが、政策の評価は価値判断を伴うため、評価軸を定めることがまず難しいのです。施策の有効性を問うという監査は、「ルールに照らして違反をチェックする」という監査の基本動作からすると、かなり難度が高いものになります。特に、政策の抽象性が高くなるほど難度が上がり、紹介した例のように「膨大な資料を集めたものの、新しい発見がない→行政運営の改善インパクトが希薄」ということになりやすいのです。

　そもそも、「政策の効果が上がっているか」という判断はたいへん難しく、我が国では1990年代に一世を風靡した三重県庁の「事務事業評価」から始まり、民主党政権における「事業仕分け」など、行政評価の試みが続けられてきましたが、事業の要不要を客観的に判断できるような「評価」の方法は確立されていない状況です[*3]。

　以下、行政評価の基本概念である「インプット（投入）」「アウトプット（産出）」「アウトカム（成果）」をざっくりと説明し、行政における「評価」の困難性を解説します。

- インプット（投入）：当該事業に投入された予算や人員等で、基本的に測定可能
- アウトプット（産出）：当該事業の実施によって直接に獲得されたもの。啓発講座であれば開催回数・参加者数など、道路整備であれば設置された道路の延長など、事業の結果として出来上がったものすべて。事業の性質によって多種多様ではあるが、基本的に測定可能
- アウトカム（成果）：その事業が社会にどのような影響を与えたか、世の中をどう変えたか。道路建設の目的は、総延長を伸ばすことではなく、「渋滞の解消（利便性）」や「交通事故の減少（安全性）」。人権に関する啓発講座の目的は、人権意識の向上と差別の解消（マイノリティであっても安心して暮らせる社会の実現）。

行政施策の場合、この「目的」が崇高で遠大なものであることがしばしばあ

ります。数回の啓発講座の開催で、市民の人権意識がどれだけ向上したかを測定することは不可能です。大規模なアンケート調査を行えば市民全体としての人権意識の状況は把握できるかもしれませんが、それにはかなり大きなコストを要しますし、そこまでやっても個別の事業（啓発講座）と人権意識の因果関係は証明できません。道路のように具体的な事業であれば、「都心からの10分内到達距離」等を調べることにより事業の効果を測定することは可能ですが、測定のためのコストはやはりそれなりに必要です。効果測定に要するコストを考慮すると、大規模な事業にしか評価を試みられないのが実情です。「効果測定」そのものは市民への価値提供にならないので、効果測定のために予算が食われて必要な道路整備ができなくなってしまっては本末転倒だからです。

　このように行政評価には多くの困難があり、その困難は「政策」の行政監査にもほぼ同じことが言えます。抽象度の高い「大きな」政策ほど難度が高まるので、現状ではより具体性の高いテーマを設定することが多くなっているようです（「青少年施策について」ではなくて、「青少年の居場所確保事業の実施について」のように）。

　監査は、その本質において「問題発見」型の仕事です。行政監査においてもそれは変わらないので、「効果が上がっているか」という視点よりも「問題がないか」という点検に使った方が効率的であると考えます。また、ある施策を「うまくいっている」と評価することは、評価自体の困難性に加えて、評価すること自体が政治的メッセージを帯びてしまうことがあるのに対して、「この事業にはこういう問題がある（したがって改善せよ）」と言うことについては価値判断が介入する度合いは小さいのです。「うまくいってないことを直す」ことに反対する政治的立場は、あまり存在しません。

　そして、あることが「問題である」と組織内で公式に認識されれば、問題は半分解決されたようなものです。行政監査は、事実に基づき「問題がある」ということを証明する手段として優れています（監査の「アジェンダ・セット：課題設定」機能）。事実を積み上げ、原因を分析し、解決策ないし解決の方向性を提案することは、非常に意義深い仕事です。なお、「解決策」を考え、実施するのは本来的に執行部の仕事なので、監査報告書では方向性を示唆するところまでで十分です。しかし、方向性すら見えないと担当課として動きようが

ないので、解決へ向けて監査サイドも知恵を絞ることは必要です（それは有意義でエキサイティングな仕事です！）。特に、部局にまたがる問題は手を付けかねて放置されやすいので、行政監査で取り組む価値が大きいと思います。

IT の活用は不可欠

　行政監査等で全庁的な事務を扱う場合、取り扱う情報量が膨大になります。到底手作業では処理しきれないことから、財務会計システムなど IT を有効活用する必要があります。例えば、学校や研究機関などでは高価な検査機器等を購入していることがしばしばありますが、その活用状況を行政監査する場合、以前であればすべての所属に高額備品の有無について文書で照会をかけ、その回答を集計しなければなりませんでした。最短でも 2 週間、普通は 1 か月近くかかる作業でした。それが財務会計システムを活用すれば、「何百万円以上の備品」と入力して検索するだけで瞬時に結果が得られます。そうやって捻出した時間とマンパワーを現地調査等に活用すれば、監査の質が格段に向上することは間違いありません。こういうコンピュータを活用した監査は、欧米では当然の監査手法となっています。

　コンピュータを活用するためには、財務会計システム所管課と協議して、監査事務局職員が内容を閲覧・検索できるシステム上の権限を取得しておくことが必要です。文書規則でも情報公開条例でも「電磁的記録」は公文書であると定義してあるのですから、監査委員とその補助職員が監査を行うにあたって財務会計オンライン等のデータを見られないなどということがあったら、それ自体がおかしなことです。必ず、閲覧と検索の権限を取得しないといけません。また、財務会計システムの活用は、定期監査における資料作成の省力化・効率化にも直結します。各課の前年度決算等のデータは財務会計システムから直接取得できることから、被監査部局における資料作成の負担も大幅に軽減することができるのです。

行政監査は便利な「文明の利器」

　行政監査は、1991 年（平成 3 年）に導入された、極めて新しい監査です。この新しい監査は、従前の定期監査の弱点を補完する形で運用されてきており、大きな成果を挙げてきたと筆者は考えています。

　行政監査の「強み」を改めて整理すると、次のようになります。

- 財務事項以外のほぼすべての事務を対象にすることができる。
- 部局またがりの事業や全庁共通業務を扱うことができる。
- テーマを機動的に設定することによりそのときどきの行政課題に対応できる。
- 手法が自由であり、例えば先進事例の紹介などにより業務改善につなげることもできる。

　もちろん、行政監査とて万能ではなく、当然限界はあります。政策系の行政監査は、試みられてきた中でその困難性がかなり明らかになってきました。行政監査も監査ですから、抽象的な政策を論じることにはあまり適していません。具体的な事柄について「問題がある」ということを明らかにしていくために使うのが効果的であると考えられます。

　人口減少が進む今日、行政の抱える課題は多くあります。課題解決のための「文明の利器」として、是非、行政監査を積極的に活用してください。

Ⅱ　出資団体監査・財政援助団体監査

　出資団体・財政援助団体等の監査についてのポイントは「リスクは辺縁にある」ということです。要するに、監査をはじめとする本庁管理部門から遠く、「目が届かない」ところなので、不祥事や事故が起きやすい傾向があります。出先で、なおかつ職員が1人しかいなくてあとは委託先の職員ばかりというような「1人所属」は、ちょっと考えただけでもリスクが高いことがわかりますよね。また、残念なことですが、出資団体・財政援助団体には「飛ばされて」腐っている職員がいることもあります。そういうところでは、事件や事故が起きるリスクが高まるのは、当然のことではあります。

　監査する側としては、「本庁から遠い」＝「ハイリスク」＝「しっかり見るべきところ」と考えてください。

自治体監査の大敗北
——A県住宅供給公社巨額横領事件

　出資団体・財政援助団体監査において、やや古いものの触れざるを得ない事件があります。2001年（平成13年）に発覚したA県住宅供給公社における横領事件です。

　住宅供給公社は、住宅不足が著しかった高度成長期に制定された地方住宅供給公社法（昭和40年法律第124号）に基づき、「住宅の不足の著しい地域において勤労者に居住環境の良好な集団住宅及び宅地を供給する」主体として設立されたものであり、かつてはすべての都道府県・政令市をはじめ非常に多くの自治体に設置されていました。土地開発公社、地方道路公社と合わせて「地方三公社」とも呼ばれた代表的な外郭団体であり、監査にとっては、出資団体監査の定番の対象でした。しかし、バブル崩壊後の地価下落局面において多くの地方住宅供給公社の経営が赤字に陥り、整理されていったため、現在も残るも

のはそれほど多くはありません（業務内容も市営住宅の管理などにシフトしているようです）。

2001年（平成13年）の横領事件は、その金額の巨額さにおいて地方行政史に残るものでした。事件は、公社の元経理担当主幹が理事長印を勝手に使い、公社の銀行口座から186回（1993年から2001年までの8年）にわたって計約14億5900万円もの巨額の金銭を横領し、自らの遊興に使った他、チリ人の妻に送金していたというものでした。発覚の端緒は、9・11事件後のテロ対策で多額の海外送金（チリ在住の妻への送金）を怪しんだ国税当局が公社に調査に入り即日発覚したというものですが、当該公社には県の監査委員による監査が何度も行われていたにもかかわらず不正を発見できなかったという点で、自治体監査として痛恨の極みの事件でした。発覚後、公社の管理体制の杜撰さが強く非難され、同時に所管課の監督責任と巨額横領を検知できなかった監査の機能不全が厳しく批判されました。

横領事件の地裁判決は、以下のように当時の公社の経理体制及び監査における問題点を指摘しています。

• 利益を追求しないことを旨とする公益法人であることから、実質的に利益が発生しても、企業会計原則に準拠して剰余金を計上する決算をせず、裁量により、見返勘定や原価未精算勘定等の不確定項目を利用してこれを分散し、収支が均衡するように決算を操作する、公社独特の会計基準を採用してきた。そして、これを長年に亘る慣行としてきたため、公社の決算は、実態と大きくかけ離れたものとなっていた。

• 県監査委員による監査や公社の内部監査によっては発覚せず、被告人がチリ人妻Ⅰに宛てて多額の海外送金を繰り返していることに不審を抱いた国税局専門官らの調査により初めて発見されたものであるところ、県監査委員による監査や公社の内部監査においては、口座振替の際の預金払戻請求書に対応する入金伝票の確認すら行われておらず、長期間に亘って被告人の犯行が見逃されていたことに徴すると、これらの監査は実の伴わない形式的なものに過ぎず、この点の落ち度も、被告人の本件各犯行を助長し、被害を拡大させた一因であると言わざるを得ない。[4]

地裁判決で指摘されたとおり、公社の決算が実態と乖離した非常にわかりにくいものになっていたことなど、公社の内部統制に相当な不備があったものと推測できます。また、複式簿記・発生主義の公社会計方式に県庁から派遣されてきた管理職職員が慣れておらず、決算処理の複雑さとあいまって会計の統制が不十分になっていたものと推測するところです。

　監査は内部統制に依拠するものであり、内部統制が不十分な団体の監査は困難なのですが、一方で国税当局の調査によってあっさりと発覚していることから、県の監査委員による監査はやっぱり不十分であったと言わざるを得ません。当事件は、外郭団体等の「辺縁」はリスクが大きくなりがちであることの典型例であり、通常の監査手続きを厳正に実施することの大切さを示したものです。

　使い込みの場合、必ず帳簿上の現金預金の有高と、現実の現金預金の有高が食い違うので、預金の残高証明をきちんと確認することで発見できます。監査手続きとしては基本中の基本ですが、以下のような手続きを愚直に行わないといけません。

- 残高証明は必ず原本を確認する（コピーだと改ざんされている恐れがある）。
- 残高証明の時点は必ず同日で（日付が違うと口座から資金を動かすことで偽装できる。本来200万円あるべき預金のうち100万円を使い込んでいたとして、まず100万円の残高証明を取り、翌日に別口座にその100万円を移動して残高証明を取れば、一見200万円の残高があるように見せられる）。

　このような基本を押さえれば、使い込みは必ず発見できます。A県住宅供給公社の場合も、早期に発見すれば被害は小さくて済んでいました。8年もの長期にわたって発見できなかったことが被害額の拡大につながりました。額が莫大であったため、また関係者が海外在住であったため、損害の回復も十分にできないまま、当該公社は2009年（平成21年）に解散しています。

　なお、使い込みを隠蔽するために書類の操作がされている場合、基本的に「入金を少なく見せる」か「架空の出金を作る」かの2通りのやり方しかありません。架空の出金を作るのは、出金先と取引をした外形を作らなければならないので、1人では難しいです（共犯者が必要）。単独犯の場合、入金を少なく見せるために現金と入金伝票を同時に抜き取るというのが典型的な手口で

す。事後的にチェックする場合、入金の「あるべき額」をその他の活動記録から推定することになるので、レジスターの記録等と突き合わせることになります（使い込みを行っている者がレジ入力を行わず、「レシートをくれない職員がいる」という利用者からの苦情が発覚の端緒となった事案もありました）。

　現金の入金とその処理を特定の1人に任せっぱなしにしないことは、現金管理の基本です（人手が確保できるならお金を受け取る作業と経理処理は別人が行うことが望ましく、それが無理なら日計を締めるタイミング等で監督者等のチェックが入る工夫をすべきです）。

　手数料の支払い等に電子決済を導入することは、省力化と市民サービスの向上だけでなく、窓口での現金取扱いをなくすという点で、現金にまつわる事件・事故の防止に威力を発揮するので、業務リスクを減らすという意味でも望ましいことです。

まずはとにかく簿記の勉強を

　出資団体も財政援助団体も相手は基本的に公益法人なので、「簿記」の基礎知識と「公益法人会計基準」についての知識が不可欠です。前述の住宅供給公社事件のようなことを防ぐためにも、せめて「簿記3級」の講座は受講してください。資格が取れれば最高ですが、合格しなくても体系的に勉強すると帳簿を見たときの理解度が全然違います。監査は経理とは違うので、自分で「仕訳」とか経理処理ができるようにならなくてもかまいません。貸借対照表や勘定科目の数字を見て、「何が行われているのか」がわかるようになれば十分です。

　なお、役所から職員を派遣していたりして雰囲気が役所に似ている外郭団体であっても、あくまで別団体であることに注意してください。「役所のやり方と違う」からといって、ただちに不適切とは限りません。ルールの参照先は、まずは当該団体の経理規程等となります。その経理規程等の整備が不十分であれば、是正の指導も（できる範囲で）行いましょう。

キモは「財政援助」の範囲の確定

　出資団体についてはその活動すべてを監査できますが、財政援助団体は「当該財政的援助に係るもの」しか監査できないという限界があります。しかしこれは当然の話で、当該団体にしてみれば、自前で稼いだ金をどう使おうが市役所（監査委員）に口出しをされるいわれはありません。補助金交付要綱、交付決定決裁等で「補助対象となっている事業」を確定し、それに関係する経理書類のみを見せてもらうことになります。これは事実上、区分経理を求めることになり、結構手間のかかる作業です。補助金交付要綱に定めるなどして、相手方に補助対象事業を執行する前から財布を分けて経理しておいてもらわないと、監査に入って急にお願いしても無理なことが多いです。ただそれをやってもらわないと、「最終支出まで追いかける」ことができません。

　財政援助団体監査は、原理的に「一部」（＝当該財政的援助に係るもの）しか監査できないという限界があるため、「庭先だけきれいにする」ことは容易です。しかしこれは制度的限界なので、あまり気にしても仕方ありません。

　ともあれ、役所からたくさん補助金等を出したり、人員を派遣していたりして、役所からも世間からも「役所の身内」と思われているような団体については、不祥事があった場合、役所主体の不祥事と同様のダメージを役所が受けることになります。そのわりには、役所よりは統制が緩いので、監査でしっかり見るようにしてください。

4・5月

6〜8月

無季　住民監査請求

9・10月

11・12月

1〜3月

Ⅲ　指定管理者監査

　指定管理者制度は 2003 年（平成 15 年）の地方自治法改正で創設されたもの
ですが、そのとき同時に監査委員による指定管理者への監査制度が設けられま
した。民間に行政の一部を任せるにあたっての制度的歯止めとしての立法措置
であったと思われますが、監査委員という独立した視点から指定管理者制度の
運用を観察できる立場を設けたという効果もあったと思っています。

　今後ますます厳しくなると思われる財政制約の下で「公・共・私のベスト
ミックス」が求められる自治体現場において、官民連携の先行事例である指定
管理者制度を適切に運用することはとても重要です。それなのに、指定管理者
制度の運用の現場ではさまざまなリスクが高まっています*5。指定管理者へ
の監査は、指定管理者制度を適切に運営するためになくてはならないものであ
り、監査を適切かつ効率的に行っていく必要はとても大きいのです。

現場は大変だけど
「今さら止められない」指定管理者制度

　指定管理者制度は 2003 年（平成 15 年）から始まった新しい制度ですが、職
員定数削減の流れの中で、急速に全国に普及しました。全国の自治体で施設管
理を行っていた職員の定数を削減し指定管理に移行する流れが進行し、すでに
自治体現場は指定管理者がなくては回らない状況になっています。団塊世代
の大量退職時期と一致したこともあり、地方公務員の総数はこの間約 35 万人
（11%）も減少しており（2003 年（平成 15 年）の約 311 万人から 2020 年（令
和 2 年）は約 276 万人に*6）、昔の直接管理に戻りたくても職員が足りない状
況になっています。

　総務省の指定管理者に関する調査*7によれば、平成 30 年 4 月 1 日現在、全
国で 76,268 もの公の施設で指定管理が行われており、ほとんどの自治体のど

こかの施設で指定管理が行われている状況です。指定管理者制度は、現在の自治体職員が当然に知っておかねばならない基本的な仕事の一つとなっていると言えます。

　ただし、指定管理の制度設計にあたっては、非常に自治体の裁量度が大きくなっています。そもそも小泉内閣が推進した規制緩和政策として生まれ、地方分権の一環でもあったことから、指定管理者制度の詳細な手続きや基準その他の内容を、国の法令・通達・指導等を通じて国が関与して画一化することを「意識的に差し控える」こととした経緯があるからです＊8。指定管理者制度について自治体に広範な裁量権が認められていることは、2010年（平成22年）の総務省行政局長通知において「指定管理者制度については、公の施設の設置の目的を効果的に達成するため必要があると認めるときに活用できる制度であり、個々の施設に対し、指定管理者制度を導入するかしないかを含め、幅広く地方公共団体の自主性に委ねる制度となっていること」と説明されていることからもわかります。

　そのため、結果として自治体ごとの「契約法務」の能力が問われることになりました。それぞれの自治体ごとに、協定書のひな形やモニタリングのマニュアル等を整備しなければならなくなったのです。しかし、導入当初からマニュアル等が十分整備されていたわけではなく、指定管理者制度が導入された初期においては、自治体の現場はかなりのドタバタでした。

　監査委員事務局も、監査対象がいきなり大量に増えたうえ、株式会社やＮＰＯなど、これまであまり監査したことのない組織への監査であったため、結構戸惑いました。特に、これまで自治体の内部を監査することを業務の中心としてきた監査委員監査にとって、行政でも外郭団体でもない、「全くの他人」である民間企業等を監査することは、それなりに困難さを感じさせられることでした。

　実際、ビル管理会社等が指定管理者として施設の管理業務を行っている場合は、会社としてその指定管理業務だけを専任で行っているのではないことが普通であり、指定管理業務に関係ない会社独自の事業活動については、当然、監査の対象にできません。それゆえ、指定管理部分について経理を区分してもらわないといけないのですが、導入初期はその準備ができていないことが多く、

指定管理者に区分経理というそれなりの事務負担を伴うことを「業務」として理解してもらうことに手間がかかりました（のちに基本協定書に盛り込むことで解決しました）。

そして本質的に、指定管理者制度にはいわゆる「情報の非対称性」という根本的問題が内在しており、そのことは必然的に「エージェンシー問題」を生み出します。指定管理業務には、直営で行っていたときと比べて業務リスクが高くなる構造があり、それに対応するため監査委員監査が義務付けられたとも考えられます。所管課における日常の指導監督やモニタリングに加えて、監査委員による監査が行われなければならないのは、それだけのリスクが潜在的に存在するからなのです。

そもそも、「外部化した事務」の統制は難しい

ごく常識的な話として、「目の前で行われている仕事」に比べて「遠くで行われている仕事」について統制することは困難です。文字通り「目が届かない」ため、服務規律の弛緩や業務の停滞、さらには不正行為等の好ましくない現象が起こりやすいのです。2009年（平成21年）に公表された総務省の「地方公共団体における内部統制のあり方に関する研究会」報告書においても、「内部統制の整備・運用に当たっての留意点」として「業務の外部化の場合も内部統制の対象」としたうえで、次のように言及しています[9]。

> 地方公共団体の現場では、業務の民間委託、指定管理者、市場化テストなど業務の外部化が進んでいるが、委託者としての責任が残るものであり、受託者に対するモニタリング等を通じて、委託業務に係るリスクを管理する取組が求められている。特に、現場が遠くなることによって、業務に潜むリスクに気づきにくくなることや、委託業者との責任の分担があいまいになりやすく、重大なミスが見逃される可能性があることに留意すべきである。

「現場が遠くなることによって、業務に潜むリスクに気づきにくくなる」と

いう現象は、経済学でいうところの「情報の非対称性」です。情報の非対称性のもとでは、情報劣位者が、情報優位者から搾取される可能性が高くなります。そのため情報の非対称性は、「エージェンシー問題」を発生させる温床となりやすいのです。

エージェンシー問題とは

　第1章でも説明しましたが、エージェンシー問題とは、委託を受けたエージェント（代理人）が、プリンシパル（本人、依頼者）の利益のために委任されているにもかかわらず、プリンシパルの利益に反してエージェント自身の利益を優先した行動をとってしまうことです。「現場の実情がよくわからない」という「情報の非対称性」が存在するとき、エージェンシー問題は起こりやすくなります。「自分の仕事のことがよくわからない」という「バカ殿様」状態になってしまうと、悪い家来が好き勝手していても止められないし、そもそも家来の非行に気づくことができません。

　公の施設の指定管理においては、多くの場合、管理の現場は監督者である行政職員の勤務場所から離れたところにあり、情報の非対称性が発生していることが普通です。そのため行政職員が現場で直接管理していたときと比べて、好ましくない現象が起きるリスクが高くなっています。想定されるリスクはさまざまですが、「手抜き」や「水増し請求」、ひどいときには横領等が考えられます。最悪、安全管理を怠り、利用者（市民）が死傷する事故を引き起こすことすらあり得るのです。

　「遠い現場」を適正に監督するためには、特段の努力と工夫が必要です。なお、念のために付け加えておきますが、「監督者の目が届きにくい」状況（情報の非対称性）が存在することが不届きな行為を生みやすくしているのであって、現場で働く人間が公務員であるか民間企業従業員であるかということは関係ありません。公務員であっても、上司の監督が適切に行われにくい状況にあったため不祥事を起こしたケースは多いのですから。

　指定管理の現場において担当行政職員から公の施設の管理業務が「見えにく

く」なったことから、当事者意識の希薄化、すなわち「手離れ感」が発生しており、大阪市監査委員からは次のように指摘されています。

> 公の施設の指定管理に係る上記様々な不適正処理が発生する背景は、本市職員による書類等の確認が不十分という問題以前に、指定管理業務に精通している職員が少なく、指定管理者が管理する施設に対する手離れ感があることが原因である。
> その結果として、指定管理者に適切に業務を実施させるべく指示・指導する意識が根本的に低く、チェック機能不全に陥り、所管局が指定管理者に対する監督責任を十分に果たすことができていないと考える。*10

　公の施設の管理責任そのものは地方自治体に残存しているにもかかわらず、管理する職員が「自分の仕事」と感じにくくなっているというのは、たいへんリスクの高い状況です。同様の状況は全国で見られることから、大阪市のように監査委員監査において意識喚起を行っていくことは、たいへん意味のあることだと思います。

エージェンシー問題の典型
──「手抜き」と「水増し請求」

　筆者が現役の監査事務局の課長であったとき、指定管理者監査において、「手抜き」と「水増し請求」を発見し、驚愕しました。指定管理者への監査の必要性について「本当に必要なのか」と個人的に漠然と抱いていた疑問が、一瞬で払拭された瞬間でした。指定管理者監査は、絶対に必要です！

　当時は市の施設に指定管理が次々と導入されつつあった時期で、所管課も指定管理者も制度に不慣れな時期ではありました。そのときの監査での指摘内容は次のような内容でした。

> ア　指定管理者の応募時に市に提出した「現地の要員配置計画」においては、正社員を要所に3人又は4人の配置を予定し、その結果、高い評価を得て選考さ

れたにもかかわらず、体育館及びプールの受付等業務について、別会社に対して受付及び運営等業務のすべてを再委託していた。

イ　A市民プールの日常清掃において、次のような事例が見受けられた。

（ア）基本協定書に添付された業務の基準において、プールの日常清掃は作業場所毎に示された作業内容で行うことが定められているが、開館前の日常清掃業務のうち一部業務（ロッカーの清掃、ロッカー室及びシャワー室壁面の拭き清掃）を除いた内容で再委託しており、この一部の業務が実施されていなかった。

（イ）同基準において、開館前の日常清掃は利用時間開始30分前の午前8時30分までに終了することが定められているが、実際には終了していなかった。再委託業者に対して指示された業務時間は午前7時から午前9時までの2時間（平成22年3月23日以降は午前7時から午前10時までの3時間）となっており、適切な再委託となっていなかった。

（ウ）清掃業者記載の清掃日誌において、一部の場所が清掃実施されていなかったにもかかわらず、指定管理者職員によって同日誌に当該場所の清掃業務終了を示す記号が書き加えられていた。

ウ　A市民プール及びB市民プールの水質検査において、国が示している遊泳用プールの衛生基準では毎月1回以上実施することを求めているが、平成21年4月から7月までの4ヶ月間実施していなかった。

エ　平成21年度のA体育館及びB体育館の修繕経費については、実施協定書第5条に基づき精算報告書を市に提出し、精算を行うこととしており、その経費に執行残が生じたときは、市に返納することと定めている。しかしながら、本来、実費精算であるべき修繕経費に現場管理費等として2割から3割程度の手数料を加算して精算していた。

　当該施設は指定管理へ移行したばかりであり、導入時の混乱の典型例でもあります。この時期、スポーツ関係施設について次々と指定管理化が進められていたことから、担当課は指定管理業者の選定や議会への説明などで多忙を極めていました。同時に、現場で施設管理を行っていた職員は行革で吸い上げられた一方、指定管理者を監督する本庁担当課には十分なマンパワーがなかったという状況が背景にありました。そしてもちろん制度スタート直後ですから、指

定管理者を監督するノウハウもありませんでした。

指摘のアは、公募の際の提案と異なる質の低い業務を行っていたことを問題としたものです。自ら進んで行った約束は、より誠実に遵守すべきです。

指摘のイは、典型的な「手抜き」であり、基本協定書で定めた業務の基準が守られていなかったものです。しかも（ウ）にあるように虚偽の報告を行っていた点が問題でした。

指摘のウは、水質検査が指定管理のスタート時点から数か月間行われていなかったものです。年度当初に協議が整わず、業務開始の多忙にまぎれて失念されていました。安全管理に関する基本的事項についての怠慢であり、見過ごすことはできないものでした。

そして指摘のエが問題の水増し請求でした。修繕経費については、必要な修繕が先送りにされることがないように、指定管理料とは別枠で実費精算を行うことと定められていました。別途精算にして、修繕を行ったことより指定管理者の当期利益が圧迫されることがないようにという配慮です。ところが、その修繕経費について現場管理費等として2割から3割程度の「手数料」を加算して市に請求していたのです。その上乗せした金額が累計で約750万円に達していたことから、所管課において市長名で返還命令を出し、返還させました。のちに聞いたところによると、ビル管理業においては修繕などの経費について一定の手数料を上乗せしてビル所有者に請求することはむしろ普通の業務慣行であり、本事案も修繕の担当者が深く考えずに行っていたのではないかとのことでした。ある意味、官民の文化の違いとも言えますが、協定書に明文で記載してある事項に違反していたわけですから「知らなかった」という言い訳は通りません。指定管理者の従業員に対する教育（情報と伝達）が不十分であったとしか言いようがありませんが、本件の指定管理は、スポーツクラブ運営業者とビル管理業者の共同事業体が受託していたため、代表として市役所との窓口になっていたスポーツクラブ会社と現場のビル管理会社との間の連絡が良くなかった可能性も考えられます。

本事案は、監査の職員が現場で状況を確認し、関係書類を精査したことで実態を明らかにできたものです。特に、指定管理者の社員からはかなり抵抗を受けながらも、経理を最終支出まで確認したことにより、不適正な修繕料の請求

が明らかになりました。

　一般的に民間企業において「当該委託事業に直接経費がいくらかかっているか」という「原価」は、極めて重要な「営業上の秘密」です。通常、企業は、取引の相手方に対して原価を開示するようなことはしません。取引の交渉にあたって不利になるばかりだからです。指定管理者は、指定管理業務であることからやむを得ず監査を受け入れていますが、前述の事案において、最終支出を確認するにあたって指定管理者側からかなり強い抵抗があった背景には、そのような民間ビジネスの「常識」があったものと考えられます。募集要綱や基本協定書において「収支報告書の提出」や「監査委員の監査」のことを明示しておくことが重要です。

日常的な「監督」「モニタリング」に加えて監査が重要

　モニタリングとは、指定管理者による公の施設の管理運営に関し、法令、条例、協定書、仕様書等で定めている施設の運営や維持管理に関する業務を指定管理者が適切に実施しているかどうか、指定管理者によって提供されるサービスの水準が市の要求水準を満たしているかどうか等について、指定管理業務の実施状況を①点検（各種報告書、実地調査、利用者アンケート等の確認）し、②評価（指定管理者自己評価、市による評価、評価委員会による評価）を行うことです。

　モニタリングにおいては主として「サービスの質」を確認することに重点が置かれており、指定管理者の計理帳簿を見ることまでは想定されていません。もちろん所管課が経理書類をチェックしてもよいのですが、多忙かつ監査ノウハウのない施設所管課の職員にそれを求めることはあまり現実的ではありません。一方で、前述のとおり監査が最終支出まで追いかけていなければ発見できなかった「水増し請求」等の問題は、現実に存在します。所管課による日常的監督とモニタリングに加え、監査が総勘定元帳などの帳簿と領収書等の証拠書類をチェックし、最終支出まで確認する指定管理者監査はとても重要であり、必須であると考えます。さらに、前述したように指定管理業務においてはエー

ジェンシー問題が発生しやすい構造があることから、むしろ、指定管理者監査については他の監査よりも重点的に注力すべきなのです。

所管課を必ず同時に監査すること

　指定管理者が基本協定等を遵守しているかなどついて、所管課の指導監督に問題があることはよくあります。このため、指定管理者監査を行うときには必ず同時に役所の所管課の監査を行う必要があります。

　監査に入ったところ、指定管理者が意味不明な事務処理を行っていたのでその意図を質すと「役所から言われたので」と説明されたことがあります。そこで行政の担当者に確認すると、そのような指示をした覚えはなく、単なるコミュニケーション不足による誤解だったということが実際にありました。指定管理者と行政は「対等のパートナー」とされていますが、現実には委託の発注・受注の感覚が残っており、心理的には上下関係に近い感じです。そのため、指定管理者には遠慮があり、ともすれば行政とのコミュニケーションに不具合が生じやすいのです。また、現場の従業員が行政的な発想や慣行に不慣れなことも多いので、担当課からの指示を正しく理解できないで勘違いしたまま業務を行っていることもたまにあります。このようなケースでは所管課に確認しなければ解決しないため、所管課の監査を同時に行うことは必須です。

　また、「そもそも担当課が指定管理者制度をよくわかっていない」ケースも導入期には多く見られました。担当課の担当者が、指定管理者制度を正しく理解しているかどうかは、指定管理者監査の重要なチェックポイントです。そして、現場の行政職員がちゃんと仕事をするためには、指定管理者制度を統括する各自治体の内部管理部門による研修やマニュアル作りが絶対に必要です。そういうマニュアル作りや研修が十分に行われているかどうか、そして担当課の担当者がきちんとそれを理解しているかどうかは監査でしっかり見るべきポイントです。マニュアル等が十分に整備されておらず、現場で支障が生じているなら、制度を所管する部署（多くは行政管理部門）に対して情報提供し、マニュアル作りを促していくのも、監査の重要な仕事です。

指定管理制度とマーケット・メカニズム

　公の施設の指定管理制度は、民間事業者が活発に活動しているマーケットが存在していることを前提とする制度です。総務省も指定管理者制度は「民間事業者等が有するノウハウを活用することにより、住民サービスの質の向上を図っていく」ものであることを明言しており、「民間の知恵」を十分に生かしていくために、地方自治体の裁量を大きくした制度設計をしているというのが国の立場です。

　「民間の知恵」を積極的に活用しようという指定管理者制度に至るまでに、「公の施設の使用許可」という行政法上の概念について若干の変遷がありました。昭和の時代、「公の施設の使用許可」は、行政法上の「許可」の一種であると考えられていました。すなわち、法令に基づき一般的に禁止されている行為について、特定の場合または相手方に限ってその禁止を解除する法律効果を有する行政行為という解釈です。公の施設は誰もが使ってよいものではなく、行政が特別に「許可」したときだけ使ってよいということです。会館やホールなどの住民利用施設が希少であり、民間に類似の施設がほとんどなかった時代においては「公の施設の利用許可は特権的な『許可』である」という考え方に違和感は少なかったと思われますが、今日、貸し館を行う市民会館の機能は民間の貸し会議室と同じであり、体育館の提供するサービスはスポーツクラブの提供しているものと変わりません。経済の発展に伴い行政と類似のサービスを提供する民間主体が多く登場したことにより、公の施設の利用許可を特権的な「許可」と考えることが難しくなってきたのだと思われます。公権力の行使のように市民の権利義務に関与するわけでもなく、単なるサービスの提供であれば民間事業者に任せても支障はないのではないかという規制緩和の議論を受けて、指定管理者制度が創設されたようです。指定管理を始めるにあたっての、公の施設の設置条例を改正し、指定管理者の指定に議会の承認を要するというややヘビーな手続きは、利用の公平性や適切な公共関与を担保するという現実的な意義と同時に、特権的「許可」であったものを民間に委ねるにあたって必要とされたものでした。

実際、民間のサービス供給主体をマーケットから調達することが指定管理者制度の本質であるので、指定管理者制度は民間企業やNPO等の民間団体の活動が活発な都市部に適した制度です。逆に人口の少ない地方圏においては、指定管理者としてふさわしい事業者を見つけることに苦労している状況もあるようです。また、貸し館やスポーツジムなど民間に同等または類似のサービスを行う事業者が多数存在する分野で指定管理が進み、美術館や図書館など民間に類似サービスが少ない分野においては指定管理の導入が比較的進んでいないという現象が見られます。

　なお、民間と類似のサービスであっても、サービスの種類によっては「安い料金で提供する」ことに公共性があるものもあります。会館等の「貸し館」が典型ですが、安価な価格で市民に提供することで、文化活動等の市民の自主的活動を保障しています。資本費を含めた原価をすべて使用料に転嫁してしまえば民間の貸し会議室と同じ値段になってしまい、個人で負担するには高すぎる価格となってしまいます。市民が集まり、学び、つながる場としての公共性は高いことから、「貸し館」の公共性は「利用可能な料金設定」に集約されると言えます。このようなケースでは、貸し館サービスの直接供給主体が公務員である必要はなく、民間事業者で差し支えありません。

　ただし、公の施設である以上「公平性」についての配慮は必要です。指定管理において「利用促進」が求められることは多いのですが、利用促進を進めるにあたって公平性の達成を意識する必要があります。民間企業で利用促進と言えば、「リピーター」を増やすことを目指すことが多く、「お得意様」を大事にし、より良いサービスを提供することで客単価と利用回数を向上させ、売上と利益を増大させるという戦略です。「2割の顧客で売上の8割を稼ぐ」ようなことは民間では珍しくありません。公の施設においても複数回利用していただけるお客様を増やすことはもちろん大いに結構なことなのですが、特定の利用者に大きく偏るような利用状況は公の施設としての「公平性」において望ましくありません。なぜなら税金で建設し運営コストを負担している公の施設は、施設を利用していない住民もコストを負担しているからです。税金で運営される施設で利用者が特定の人たちに偏ることは明らかな不公平で好ましくありません。利用者の支払う料金ですべてのコストを回収する民間施設とは異なり、

公の施設は利用していない住民もコストを負担しているので、新規利用者を獲得していくことで、「利用していないがコストは負担している」という住民をできる限り少なくしなければならない宿命があります。そのため、公の施設では、「新規利用者」を増やすことが、リピーターの増加よりも、はるかに切実に求められることになります。

マーケットの陥穽——指定管理者の経営破綻

　マーケットで活動する民間事業者と行政は、組織としてのあり方が大きく違いますが、中でも決定的に違うのは「民間企業は倒産することがある」ということです。もちろん、マーケットで調達できるサービスであれば他の事業者と入れ替えることでサービスを継続することはできますが、指定管理者の指定替えの間、市民サービスが中断し、利用者に迷惑をかけることになり、まことに好ましくありません。行政の監督責任が問われることにもなります。また、もし代替できる事業者が見つからない、あるいは見つけることが難しい状態であれば、その業務はそもそも指定管理とするに適していないと考えるべきであり、直営に戻すことを検討しなければなりません。いずれにせよ、「指定管理者の倒産」は、仕事を依頼する行政にとっては可能な限り避けなければならない事態です。

　では、倒産などの指定管理者の経営破綻というのは、どのくらいの頻度で起きているのでしょうか。総務省「公の施設の指定管理者制度の導入状況等に関する調査」の「指定管理者の指定を取り消した理由」から関連の項目を見てみましょう。

※平成27〜29年度の3年間

・指定管理者の経営困難等による撤退（指定返上）95件

・指定管理者の業務不履行　4件

・指定管理者の不正事件　9件

・指定管理者の合併・解散　91件

・合計199件、年間平均66件（指定管理を導入している76,268施設の約

0.09％）

　文字どおり「千に一つ」の確率ではありますが、全国の地方自治体総数は約1,700であることを考えると、1年のうち1つか2つの自治体で起こり得る計算になります。「運が悪いと遭遇する」確率であり、無視してよい数字ではありません。指定管理者の経営の安定性を確認することはとても重要です。

　しかし、プロのビジネスマンでも財務諸表だけを見て企業が「倒産するかどうか」を判断することは困難です。まして複式簿記に慣れない行政職員においてはさらに困難です。もし決算書に「営業赤字」や「経常赤字」等が記載してあり、それを漫然と見逃していたら問題ですが、そもそもそのような赤字決算書を出したら銀行から融資を止められ取引先を失う恐れがあるので、現実にはそのような赤字の決算書が出てくることはまずありません。経営の厳しい企業が正直に財務状況を報告するとは考えにくく、実態の把握は非常に困難です。この点について実効性ある監査手法は確立されておらず、公認会計士や中小企業経営診断士といった専門職の協力を得るくらいしか考えられません（それでも「素人よりマシ」ということでしかありませんが）。

　ただ、経営窮迫の予兆を察知する方法が、全くないわけではありません。例えば、源泉徴収した従業員の所得税や社会保険料などの「預り金」的性格の義務的支出の支払が滞っていれば、資金繰りが逼迫している明白なシグナルです。指定管理者監査において見れるのはせいぜい指定管理施設の従業員の分だけでしょうから、そこまで見ることは難しいかもしれませんが、可能ならチェックした方が良い項目です。また、光熱水費は支払いが遅れると止められてしまい業務に直接支障が出るので、次に紹介する事例のように光熱水費の未払いが表沙汰になってしまうのはかなり末期症状であり、ことここに至っては行政としても指定管理者の指定取消に動かざるを得なくなります。指定管理者監査で支払いが遅れがちになっている実態（資金繰りの逼迫）を早期に把握することができれば、予兆をとらえることができるのです。特に、地元の小規模な企業・団体を指定管理者としている場合は、資金繰りが厳しいことが多いので、キャッシュフローについて注意が必要です。

K市は22日、施設の維持管理費や光熱水費などの公益費を3か月間計約2,000

万円滞納したなどとして「市立健康支援センター」と「市民ホール」の指定管理者（一般財団法人）を31日付で指定取消とすると発表した。

　市によると、財団は2005年から両施設の指定管理者となった。今年度から公益費の支払いが遅れるようになり、昨年11月から3か月分は滞納。市は昨年12月、今年1〜3月の指定管理料約2,300万円を滞納分に充てると、財団と覚書を交わした。だが、財団は振り込まれた指定管理料を別口座に移した。

　このため市は、財団による施設運営は困難と判断。指定管理期間の3月末を待たずに、取消しを決めた。市は、既に支払った2、3月分の指定管理料約1,500万円を3月1日までに返すよう財団に要求、滞納金は一時立て替える。いずれも返還がなければ、法的手段を検討する。

　財団の理事長は取材に「申し訳ない。指定管理料は財団の資金繰りに使った。滞納分も含め、分割で返還したい」と話した。健康支援センターは2月1日から当面は休館、市民ホールは市が直営する。両施設とも、4月からは別の指定管理者が運営する。（2016年1月新聞報道を基に筆者作成）

　このケースは、指定管理者の財団法人が破綻する前に気づき、対処できたケースで比較的「傷が浅かった」ケースではあります。光熱水費の未納で、市に問い合わせがあったことが事態を把握するきっかけとなったとのことです。しかし、次の事例のように「寝耳に水」の形で破綻を知らされ、対処に苦慮することも結構あるようです。

　10月4日に、「S宿泊施設」と「サイクリングターミナルY」の指定管理者であった「Sプロジェクト」から弁護士を通じ「倒産のために指定管理者を取り消してほしい」とのファックスを受け、M市は受理した。2010年度分の2施設使用料計約1,938万円のうち約1,064万円を滞納しており、今年4月以降の2011年度分も未納だったことが明らかになった。（2010年10月新聞報道を基に筆者作成）

　この「施設使用料」とは宿泊等の料金収入のことで、利用者が支払った現金はいったんは指定管理者の手元に入ります。市への「滞納」が生じた時点で、

施設使用料が会社の資金繰りのために流用されている可能性を疑うべきでした。受け取るべき収入がしかるべき時期に納入されないというのは、極めて明確な危険信号であり、その時点で会社の経営について調査を行う必要があったと思います。滞納等の異常事態が生じた場合に即時に会社本体の財務調査を行えるように、基本協定書等で定めておくようにしましょう。

　次の事例は、関係者の不正行為がきっかけとなって法人の経営が破綻した事例です。

　M市の市営牧野4カ所の指定管理者を2009年11月に取り消された農事組合法人M開発が12日付で青森地裁から破産手続き開始決定を受けたことが20日、わかった。市は同法人に、市からの指定管理料約817万円を含む計約950万円を督促しているが、全額回収は極めて困難になった。

　破産管財人の弁護士によると、負債総額は約2,400万円で、現時点で判明している債権者は20人弱という。債権届け出期間は6月11日までで、第1回債権者集会は7月27日に開かれる予定。

　同法人は、2007年4月から3年契約で、市営4牧野の指定管理者となっていた。しかし2009年9月、市への報告で、理事の1人が指定管理委託料や利用料収入が入った預金通帳から970万円を着服していたことが発覚。市は当初、同法人に業務改善を勧告したが、その後11月になって指定管理者を取り消し、残りの契約期間相当分の指定管理料と違約金、市税滞納分合わせて約950万円を同法人に請求していた。

　M市長は、本紙の取材に対し「今後も（指定管理料返還金などの）回収に努めるとともに、刑事的責任についても関係機関と協議している。市としては刑事告訴も考えている」と話した。

　市農林水産課によると、代表理事は2009年11月10日までに500万円を通帳に入金すると市に約束していたが今月20日までに同法人からの返金はない。

（2010年5月新聞報道を基に筆者作成）

　小規模な法人は、大規模な法人と比べると内部統制が弱いことが多い印象があります。小規模な組織では人手が足りないため、経理事務等が特定の個人に

集中しやすく、チェックが不十分な状況になりやすいからです。理事の不正を外部から検知することはほぼ不可能ですが、当該団体に市役所から「監査が入る」ことを事前に知らせていたら、不正行為を抑制できていた可能性はあると思います。次に示す「不正のトライアングル」理論にあるように、「誰かから見られる」という緊張感は犯罪発生の抑止に有効だからです。

【米国の犯罪社会学者クレッシーによる「不正のトライアングル」理論】

　不正行為は、①機会、②動機、③正当化という「不正リスクの3要素」がすべてそろったときに発生する。

① 機会（＝内部統制で統御すべきもの）

　不正行為の実行を可能ないし容易にする客観的環境。例えば、請求業務と入金業務を同一人物が担当するような状況

② 動機

　不正行為を実行することを欲する主観的事情。例えば「借金返済に追われている」など

③ 正当化

　不正行為を自らに納得させる理由付けや「良心の呵責」を乗り越えるための言い訳。たとえば「短時間だから」「仕方がない」「誰からも何も言われない」など自分に都合の良い理由をこじつけること

　人間は「機会」と「動機」が揃っただけでは、なかなか不正行為を行うものではありません。統制の緩い環境で、お金に困っていたとしても、不正行為には手を染めない人の方がむしろ多数派なのです。人間の「良心」はそれなりに強力なので、「悪いこと」を実際に行うためには良心を麻痺させる「正当化」が必要になります。横領等だと「ちょっと借りるだけ（あとから返せばいい）」というのが典型で、そのあと「誰からも何も言われない」と使い込みが繰り返され、累積して大きな被害額になります。監査等により「誰かが見る」ということを意識させ「正当化」をさせないことで、不祥事を抑制することにつながるのです。監査が本当に「全部見る」ことは不可能ですが、職員に「見られるかもしれない」と本気で意識させることができれば、ぐっと不祥事は減

ると思います。

外部化した業務への統制手段としての監査

　今日、最もポピュラーな株式会社に対する公認会計士監査についてざっくり説明するなら「会社の経営や決算報告について、経営者が出資者である株主や資金の貸し手などの利害関係者に損失を与えるような嘘をついていないということを、独立的立場にあり専門的知見と技能を有する公認会計士が、利害関係者に対して保証する」ということです。つまり、公認会計士監査とは、会社の経営における「エージェンシー問題」に対処するための制度であることがわかります。

　このように、株式会社における株主と経営者の関係は、エージェンシー問題という視点から見れば、行政と指定管理者の関係と極めて類似しています。株式会社制度が150年ほどの歴史を通じてエージェンシー問題を克服しようとして公認会計士監査を制度化してきたという事実は、指定管理者制度を適正に運営するということを考える際に参考になると思います。

　指定管理者への監査は必須であり、かつこれからもっと洗練されなければなりません。もちろん、監査がすべてを解決するわけではなく、株式会社における会社法等に相当する、指定管理者制度の洗練も必要でしょう。地方自治体の裁量度の高い指定管理者制度のスキームからすると、協定書などの契約やモニタリングマニュアル等の監督の技術がさらに磨かれなければなりません。そして、それらの制度的対応の実効性を担保するものとして、監査が存在します。監査は、指定管理者制度を（破綻させずに）運用するために必須の装置なのです。

＊1……松本英昭『新版 逐条地方自治法〈第9次改訂版〉』学陽書房、2017年
＊2……神奈川県監査委員「行政監査結果報告書」「長期継続契約制度の委託契約における運用状況」
　　　（平成25年3月）https://www.pref.kanagawa.jp/documents/28618/602857.pdf

（2021年3月9日時点）

＊3……西出順郎『政策はなぜ検証できないのか：政策評価制度の研究』勁草書房、2020年

＊4……青森地判平成14年12月12日

＊5……宮脇淳編著、井口寛司著、若生幸也著『指定管理者制度 問題解決ハンドブック』東洋経済新報社、2019年

＊6……総務省「令和2年地方公共団体定員管理調査結果の概要（令和2年4月1日現在）」https://www.soumu.go.jp/main_content/000723820.pdf（2021年3月9日時点）

＊7……総務省「『公の施設の指定管理者制度の導入状況等に関する調査結果』の概要」https://www.soumu.go.jp/main_content/000619273.pdf（2021年3月9日時点）

＊8……成田頼明監修『指定管理者制度のすべて 制度詳解と実務の手引［改訂版］』第一法規、2009年

＊9……総務省「地方公共団体における内部統制のあり方に関する研究会」「内部統制による地方公共団体の組織マネジメント改革」（平成21年3月）https://www.soumu.go.jp/main_content/000019097.pdff（2021年3月9日時点）

＊10…大阪市「平成28年度監査委員監査総括報告書」 https://www.city.osaka.lg.jp/hodoshiryo/cmsfiles/contents/0000400/400180/28soukatu.pdf（2021年3月9日時点）

第 6 章

1 〜 3 月の実務

　秋から冬にかけて行われた各種監査の結果が出揃うのがこの季節です。そして監査の結果に基づき指摘を行うことになりますが、それは決して簡単なことではありません。特に役所の内外に大きな波紋を呼ぶこともある監査指摘は、行う方にとっても悩ましいものです。

　ダメな指摘と良い指摘について考えます。

監査事務局長の憂鬱

　A市監査事務局長のB氏はこのところため息ばかりついています。実行委員会で不明朗な経理処理が明らかになり職員が詐欺罪で逮捕されたばかりのC部において、別の実行委員会で、契約書が作られていないなど非常に杜撰な経理事務が判明したのです。これを指摘しようと準備を進めていたところ、C部長からB氏のところに「折り入って相談があるのだが…」と電話がありました。C部長とは市役所入庁の同期で、昔からよく一緒に飲みに行ったりして懇意に付き合ってきた仲です。やってきたC部長から、「この前不祥事が明らかになり、是正を誓ったばかりなので、今回指摘されると非常に辛い。必ず是正するから、今回は勘弁してもらえないか」と泣かんばかりの懇願がありました。大いに心を動かされましたが、監査事務局の部下職員たちは「これは指摘にしなきゃダメです！」と張り切って言います。論理的には指摘すべきとわかっているものの、親友のC君を自分の手で奈落に突き落とすようで、なんとも心が重くなります。監査委員にどう報告したものか、今日もB氏は自席でため息をついています。

指摘は監査事務の中心

　監査において、「指摘（監査報告書に掲載され公表されるもの）」は、仕事の

中心となるものです。指摘をしないと、外からは監査委員が仕事をしていないように見えるため、監査事務局の職員としては監査のたびに何らかの指摘事項を出そうとするのが普通です。また、公表されることで役所内外に大きなインパクトを与えることもあるので、「指摘する」ことは自治体監査の実務の中心です。

　第4章で「やってはいけない事務処理」について説明しました。執行部の好ましくない事務処理を指摘し改善させることは監査の職責の基本ですが、監査についても「やってはいけない指摘」はあるのです。自治体監査が抑圧され委縮させられてきた歴史的経緯の中で、残念ながら「やってはいけない指摘」が長年にわたって繰り返されてきました。いささか辛口の説明にはなりますが、このような指摘を避けるだけでも自治体監査の質は劇的に向上します。何より、「良くない指摘」は必ず「嫌われる指摘」ですので、良くない指摘を避けることで一般職員が持っている監査に対するイメージを大きく改善することができます。是非、「やってはいけない指摘」を根絶させ、監査のイメージを向上させてください。

やってはいけない指摘①
具体性に欠け、改善につながらない指摘

　一般論での「お説教」で終始し、言われた方も「指摘を重く受け止め改善に努めてまいります」等の「決まり文句」で流してしまう、形骸化した指摘はしてはいけません。

　以下は、昔とある県庁で実際に行われていた指摘です。

公用車事故の発生について

（注意事項）

公用車使用中における事故の発生が2件認められた。

公用車の使用にあたっては、事故の絶無を期すよう安全運転の徹底を図るとともに、車両の適切な管理に努められたい。

ちなみに指摘されている相手方は県警本部でした。警察車両の管理について
はよく存じ上げませんが、おそらく数百台はあるであろう警察車両が、24時
間・365日走行していて、たった「2件」の事故しか起こしていないのは立派
なものではないのでしょうか。監査指摘となるほど管理が悪かったとは、正直
思えません。そもそも「事故の絶無を期す」というのが無理難題です。事故は
ないに越したことはありませんが、どんなに努力しても起きるときは起こって
しまいます。航空事故などの重大事故の多くがそうであるように、関係者が真
摯に努力して十全の準備をしていても事故の発生確率を完全にゼロにすること
はできません。不可能を要求することになるこういう指摘は、言う方も言われ
る方も「聞き流す」ことが前提の指摘であったと言わざるを得ません。

　監査の指摘は業務改善のための手段です。「事故を起こさないでください」
というような一般論を言われても、全く改善のしようがありません。事故の原
因は、車両整備の不備、運転者の疲労等、さまざまに考えられるわけで、原因
によって採るべき対策は全然違ってきます。「交通事故を起こすな」という指
摘をするのであれば、その事故原因にまで踏み込んだ監査を行わなければ意味
がありませんが、それは相当な調査と科学的分析が必要であり、監査する側の
力量が問われることにもなります。内部統制でいう「リスクの評価と対応」を
きちんと行ったうえでなければ、指摘することに意味はありません。

　次に、指摘されると「じゃあどうすればいいのか」と頭に来る指摘が、「未
収金があること」のみを理由とする指摘です。

○○金の収入未済額について

　滞納繰越分の収入未済額が、○○金において×××万円余認められたので、今
後とも、この解消に格段の努力をされたい。

　滞納が発生することそのものは、払わない人が悪いのであって役所の責任で
はありません。滞納の発生そのものを責めるのは、警察に対して「犯罪が起こ
るのはお前が悪い」と責めるようなもので、いくらなんでも理不尽です。警察
を叱るなら「犯罪者を捕まえてない」ということについてであって、「犯罪が
起きること」自体は全く警察の責任ではありません。人類発祥以来、犯罪のな

い社会はなかったのですから、不可能を要求してはいけません。税金等の未収についても同じことが言えます。国税庁でも徴収率100％を達成してはいないわけで、そんなことはどんな優秀な役所であっても不可能です。滞納処理に特段の怠慢や不備がない限り、指摘しても意味がありません。債権管理や督促等の滞納処理事務を担当課が一生懸命やっていれば、指摘する必要がない、というか、指摘してはいけないと思います。真面目にやっている担当課から「これ以上どうしたらいいんですか！」と正面から反問されたときに返事に窮するような指摘は、してはいけません。

　このような、「決算書を見ればわかる」ことを根拠にする指摘は基本的に「良くない指摘」です。「新たな事実」の発見がない、つまり監査していないことと同じだからです。このような指摘は、監査によって「仕事を変える（改善する）」意識がなかった時代、監査報告書の「埋め草」として便利使いされてきたもので絶つべき悪習です。

やってはいけない指摘②
公平性に欠け、改善につながらない指摘
権限を悪用して被監査部局を虐める「悪代官」指摘

　前述の「言っても言わなくても同じ」指摘は、監査の存在意義を足元から掘り崩す、本質において危険極まりない行為ではありますが、表面的に「その場の平和」が保たれているという点では穏当なものでした。一方、かつて自治体監査が衰微（すいび）していた時代に、監査の権限を悪用した有害極まりない指摘も存在しました。被監査部局を虐めるためのものとしか思えない「悪代官」監査です。

　「悪代官」監査の典型的なパターンは次のようなものです。
- 「劣化したルール」（全庁的に守られていないルール）の間違いを、ことさらに指摘する（すぐ見つかり、手間がかからないから）
- 指摘するしないは監査事務局担当職員の気分次第
- 当然、納得感ゼロ。「意味のない仕事」を増やすだけ

4・5月

6〜8月

無季　住民監査請求

9・10月

11・12月

1〜3月

監査が「嫌われる職場」となってしまった直接の原因の一つに、このような理不尽な指摘を行ってしまったこともあったと思います。一部の不心得者による愚行ですが、自らの首を絞める行為でした。ガチガチに手足を縛られ、業務改善につながる指摘ができなかった中で行われていた「安全地帯での間違い探しゲーム」が暴走して、監査の本質に反するこのような劣化した指摘が行われたのかもしれません。

　なお、役所の膨大な財務ルールの中で行われる財務事務には、間違いであっても業務遂行にほとんど影響しない「定例軽易な間違い」が多数存在します。「定例軽易な間違い」とは、次のようなものです。

① その間違いがあっても問題なく業務が完結している。

②「たまたま」問題が発生しなかっただけでなく、どう考えても（合理的な推論を十分行っても）発生する問題が軽微または皆無

③「ヒヤリハット（事故には至らないが、場合によっては事故に直結したかもしれないエピソード）」とは異なり、「運が悪ければ起きていた重大な事故」が明確に想定されることはない

　典型的な例としては「日付漏れ」「印漏れ」があります。「日付漏れ」というのは、書類の様式に日付を記入するようになっているものの、機能としては業務ログ（いつ作成したかの記録）でしかないものも多くあります。そういう日付は、記入が忘れられていても誰も困らないので忘れられやすいのです（また、漏れている日付を他の書類の日付等から推定することが容易です）。日付の中には、請求書の日付（支払い遅延防止法に基づく期間の起算日になる）のような、実務上も法令上も重要なものもありますが、大半の「日付」は単に書類作成日を示すものでしかなく、その証拠に記入を忘れられていても業務が問題なく完結してしまいます。

　また、「印漏れ」で多いのが、課長決裁において係長の印が忘れられているとか、確認欄における印の押し忘れです。意思決定の有効性に影響しない「確認」でしかない押印は忘れられやすいです（ちなみに「決裁権者の印がない」のは「印漏れ」ではなく、「決裁が終わっていない」のであって、決裁が完了していないのに施行してしまっていたとしたら、場合によっては指摘も考えるべき重大なミスです）。

契約の有効性の確保や現金事故の防止、決算の正確性の担保などの具体的な必要性が見えない手続きは、できるだけ刈り込んだ方がよいわけで、業務ログでしかないような日付の記入は、事務処理を電子化することで必要なくなりますし、デジタル化で押印もどんどん廃止されていっています。

　「ルールを守っているかどうか」をチェックする合規性監査は監査の基本であり、その必要性を否定するつもりは毛頭ありませんが、監査という立場は、ともすると「ルールへの盲信」が生じることがあり、それは生産的でないばかりか、危険なことですらあり得ます。「悪代官」指摘のような悪意がなくとも、「監査はウザイ」「監査が来ると仕事が増える」と職員から監査が嫌われる理由は、「重要でないルールを強制する」ことが大きいのです。

　重要でないルールは、現実的には「守る必要がない」ので、「守られていない」ことを見つけるのが容易です。監査委員に復命する報告書の大部分は、そういう「定例軽易な誤り」が占めています。指摘に相当するような異例重大な間違いなんて、そもそもめったにあるものではないので、定例軽易な間違いも書いておかないと報告書が真っ白になってしまうからです。それは、監査の実務上はやむを得ないことではありますが、そういう雑魚しか成果がないのであったら、監査としていささか奮起すべき状況であると言えます。

　とりあえず重要でないルールが現役であるならば、「守っていない」ことは注意喚起しなければならないので、文書で被監査部署に通知することは必要です。しかし、その後の取扱いを誤ってはいけません。定例軽易な間違いを、うっかり指摘したりして担当課を過剰に「罰する」と、理不尽感が募り、怨嗟の声につながってしまいます。まして、全庁的に守られていないルールを、特定の所属について恣意的に指摘してしまうようだと、監査は「悪代官」そのものであり、恨まれて当然ということになります。罪刑のバランスが取れているかどうか、「指摘」という伝家の宝刀を使うときには心しなければいけません。

　「良くないルール」に盲従すると、監査の評判を落として仕事がしにくくなってしまいます。また、全庁的な業務効率と、職員のモチベーションも下げてしまうことになります。納得感のない仕事を強制されることほど、やる気を殺ぐことはないからです。

　それよりも「良くないルール」を改善するために汗を流した方が、百万倍建

設的だと思います。内部統制でいうところの「運用の不備（定められたルールを守っているか）」だけでなく、「整備の不備（必要なルールが定められているか・ルールが実情と合っているか）」についてもチェックを入れるべきです。「ルールの改善」を意識すると、「明るい監査」が実現できます。是非、そっち方面に監査のリソースを使っていただきたいと思います。

やってはいけない指摘③　言いっぱなし指摘

「○○規則に基づき、適正に処理されたい」

「××処理要領等を参考とし、関係課と協議のうえ適正に処理されたい」

「適正に処理」というのは誠に便利な文言で、そう言っておけばとりあえず指摘の文章としては格好がつきます。なので、そういう指摘文の表現を一律に否定するものでは全くありませんが、「適正に処理」という表現で監査の「詰め」が甘いことを誤魔化していたとしたら、それは問題です。被監査部局が「何をどうすれば適正であるのか」を具体的かつ実務的に理解していれば問題ありませんが、時おり、時間が足りなかったりルール所管課との協議が整わなかったりして「何をどうすればよいのか」について詰め切れないまま指摘となることがあり、そういう指摘は改善につながりにくくなってしまう傾向があります。改善方策が見えないまま「どうすればいいかわからない」ものを指摘されても、指摘された所属は動きようがありません。

　もともと非定型的でイレギュラーな事務処理だったので指摘となったわけで、関連するルールの解釈運用についてデリケートな調整が必要であることもしばしばあります。一般的に、指摘された部署の担当者は、そもそもそのルールのことがよくわかっていないので指摘を受けることになったわけで、そういう高度な協議は荷が重いのです。また、ルール所管課は大体多忙なので、複雑で面倒な相談に快く応じてくれるとは限らず、「正解」がなかなか見えずに協議が宙ぶらりんになることもあります。ルール所管課も前例のない事案であるため、事務レベル協議では簡単には見解を出せないということが起こりやすいのです。

最悪は、「適正に処理せよ」という指摘に対して「適正に処理いたしました」と措置報告が返ってきて、その実何も変わっていないというケースです。「何をどう変えるべきなのか」ということについて、指摘する前にきちんと議論を詰めるべきだったのです。どのようなリスクがあるのか（住民に迷惑をかけるのか、現金事故の可能性があるのか、契約の執行に問題が生じるのか、決算の正確性が脅かされるのか等々）、その事務処理におけるリスクを評価しておけば、「どう改善すべきか」という方向性も見えてくるはずであり、その方向性が被監査部局にも納得されていれば、改善に着手することは難しくないはずです。もちろん、その業務をどのように改善するかは、あくまでも執行部の権限であり責任でもあります。被監査部局に「こうせよ」と命じることはできなくても、改善の方向性を示唆することはできるし、すべきです。「どう改善するのか」という方向性について、被監査部局から納得してもらうことは、「仕事を良くする」ために、たいへん重要です。

やってはいけない指摘④
疑問な指摘（予算執行への過剰介入）

　たまに、予算の流用そのものを咎めているような指摘を見かけることがあります。例えば、次のような指摘です。

> 　公民館活動費の備品購入費について、100,000 円の流用理由を確認したところ、主催事業で、急遽、パソコンが必要となり購入したため、予算が不足したとのことであった。今後は、計画的な予算執行に努められたい。

　予算の流用は法令と条例規則により認められた正規の手続きであり、流用したこと自体がおかしいという指摘は、指摘の方がおかしい可能性があります。手続きに瑕疵があるとか、必要性がない（乏しい）というような事情があるのであれば、その点を指摘すれば良いのであって、本事案であれば「急遽パソコンが必要になった」という流用の理由の正当性を具体的に検討すべきです。予

算の流用も広義の予算編成権の一環であり、定められた手続きを踏んで財政当局が必要性を認めたものに監査が異論を唱えるのであれば、相当に明白な不当性の論証が必要です。

また、予算の不用額についての指摘も、注意が必要です。

> 各種業務委託について契約額が当初予算額を大きく下回る等の事例が見受けられた。当初想定した補充量が執行時には少なく済んだこと等によるものであるとのことだが、予算を積算する際には事前に現地調査を十分に行った上、予算計上するよう努められたい。

不用額（予算の未執行額が多額）に上るのはもちろん望ましくありません。決算議会でも不用額の理由はよく聞かれます。ただ、不用額の発生理由には、大きく分けて次の3つの理由があり、その内容が極めて異なることに注意が必要です。

① 怠慢や失敗により予算が執行できなかった場合。執行部の失敗であり、失敗の程度がひどければ指摘すべき。

② 不可抗力。災害や国の政策変更など執行部の責任の範囲外の理由によって予算が執行できなかった場合。誰を責めることもできない（公共事業の繰越事由によくある「用地買収が進まず」というのもこれに当たる）。

③ 節減や改善による予算の節約。創意工夫により少ない金額で所期の目的を果たしたもの。責めるどころか、賞賛すべき。

上記の事案については、監査としては①のケースと判定したものと思われますが、「当初想定した補充量が執行時には少なく済んだ」ということが指摘するほどの失敗であったかどうか疑問が残ります。工夫と努力で「少なく済んだ」のかもしれず、そうであれば「良いことをした人を叱る」理不尽な指摘ということになります。予算は執行の1年以上前に決められるものですから、執行のときに予算編成時と事情が変わっていることはよくあります。予算の目的を達成するために、制度の中で認められた機動的・弾力的な執行は認められてよいのです。

やってはいけない指摘⑤　「忖度」監査

　「良くない指摘」の最たるものは、「指摘すべきときにしない」忖度監査です。

　指摘の内容が重大であり、執行部に大きな打撃を与えることがわかって監査が指摘から逃げる。指摘をすると相手方に多大な負担がかかってしまうことや、面子をつぶしてしまうことを忖度して、指摘を回避する。これらは、監査の自殺です。これは、医者が患者が重病であることにビビって「患者さんがショックを受けるから」と診断を告げないことと同じです。診断を告げられなかった患者は、受けられたはずの治療も受けられず、さらに病気が悪化することになります。

　監査も同様です。重大な問題があるのに指摘を見送れば、問題は解決されないまま残り、いずれ何らかの形で暴露され、より大きなダメージを役所に与えることになります。監査指摘で問題を明らかにしておいた方が、役所のイニシアチブで問題解決を図ることができ、トータルのダメージは絶対に小さくなります。まして、マスコミ報道等で問題が発覚し、あとで「実は監査は知っていた」という事実が明らかになると、監査も大きな批判を受けることになります。「隠蔽」に加担しても良いことは何一つありません。そんなことになったら、監査の職員が非常に悔しい思いをし、モチベーションを下げてしまいます。発見した問題を、握りつぶしてはならないのです（冒頭のエピソードの事務局長Ｂ氏の採るべき態度は理論的にはわかり切っているのですが、情において葛藤が起きるのです。人間ですから）。

　一方で、大きな問題で「解決法が見えてない」事案については、たいへん悩ましいことになります。監査としても解決への方向性が見出せない段階で指摘をしたのでは、「言いっぱなし」指摘と同じこととなり、担当課がひたすら困ることになるので、指摘するのを躊躇う気持ちはよくわかります。こういうケースでは、解決方法を見出すための協議を担当課と誠実に行っていくしかありません。制度・ルールを大きく変える必要があるのであれば、勇気を持ってそう提言するのも、監査の使命です。

指摘は仕事を良くするための手段に過ぎません。しかし、指摘をしないと「何も変わらない」のも事実です。指摘することで、「問題」（困ったこと）が公になり、「課題」（組織として解決すべきこと）に変わります（監査の「アジェンダ・セット」機能）。役所が本気で取り組んで解決しない問題なんて、ほとんどありません。最悪、解決しなくても、改善はするものです。

　指摘は「診断」であり、適切な治療を行うための手段です。したがって正確な事実把握が重要であり、指摘すべき事実が把握できなければ、「何も指摘しない」勇気を持つことも必要です。

　今回紹介したような「やってはいけない指摘」を避けるだけでも、監査の質はかなり向上します。では、さらに良い監査をするためには、どのような指摘を目指したらよいのでしょうか。2017 年（平成 29 年）の地方自治法改正で導入された内部統制の強化を踏まえながら、次は望ましい指摘のあり方について考えます。

目指すべきは、仕事を改善する指摘

　伝統的に自治体監査の主流であった合規性監査は、業務の現場でルールを遵守させるものであり、ルールが合理的である限り、業務の品質を保つ効果がありました。「ルールを守って仕事をする」ことはコンプライアンスの基本であり、合規性監査が今日においても大いに有意義であることは間違いありません。

　ただし、ルールが実態と合わなくなり合理性を欠いてしまうと（つまり内部統制における「整備の不備」が発生すると）、合規性監査はとたんにシビアな矛盾に直面します。「合理的でないルールを強制することは躊躇われるが、さりとて決まりは決まりであり守らせないといけないのではないか…」と監査の職員が葛藤することになるのです。この矛盾を、過去の自治体監査は「ルールはルールだから」と、「悪法も法なり」と言って毒杯を仰いだソクラテス流に、強引に解決してきたように思います。その結果として、「監査が来ると要らぬ仕事が増える」「監査は重箱の隅つつき」という被監査部局職員の怨嗟の

声を生んできたのでないでしょうか。ルールへの盲信ともいうべきこのスタイルは、自治体監査の機能と評判を損なってきたと私は考えます。

　ここで、内部統制の基本的な考え方に立ち返りたいと思います。内部統制、すなわち仕事を行ううえでのさまざまなルールや仕組みは、決して完璧なものではない、ということです。たとえ最初は完璧に近い、良くできた制度であっても、社会状況の変化によって実情と合わなくなってくるものです。内部統制は、自らが不完全であることを前提としているからこそ、モニタリング（内部統制が有効に機能していることを継続的に評価するプロセス）を基本要素の一つとしているのです。当然に、内部統制には「不備」が存在します。それは、大きく2種類に分けることができます。

・運用の不備

　意図したように内部統制が運用されていない、または運用上の誤りが多い、あるいは内部統制を実施する者が統制内容や目的を正しく理解していない等。要するに、定められたルールを守っていないこと。

・整備の不備

　内部統制が存在しない、または規定されている内部統制では内部統制の目的を十分に果たすことができない等。要するに、ルールがポンコツであること。

　監査の措置報告において「職員への研修を徹底した」という報告がよく見られるのは、指摘する方もされる方も指摘された事柄が「運用の不備」であると暗黙に了解しているからだと言えます。しかし、指摘を繰り返してもなくならない間違い（現場において遵守することが苦しいルール）については、「整備の不備」を疑ってみるべきです。

　以下に掲げる監査委員意見は、まさにそのようなルールの不備について改善を求めたものであり、非常に生産的な監査活動だと思います。

平成25年A市定期監査報告書・監査委員意見

　出先機関が収納した公金について、数日分をまとめて金融機関に払い込むことが常態化している事例が少なからず見られ、定期監査において、市会計規則第16条の規定に反した事務として指摘しているところである。

　当該規定の目的の一つは、収納金の保管リスク（盗難等）を低減することにあ

るが、出先機関の場合は、

・当該出先機関の立地条件等のため、払込みに赴くためのコストが大きい

・収納額が小さいため、毎日払い込んだとしても、つり銭資金を含む現金の保管
　リスクはさほど低減しない

・毎日払い込まずとも、他の手段によりリスクの低減が図られている

といった事例もあり、全出先機関に対し毎日の払込みを一律に義務付けることの
合理的必要性については疑問が残る。会計管理者においては、他都市の事例も参
考にしつつ、収納金の払込み期限に関する運用につき再検討されたい。

　この監査委員意見においては、まず収納した現金について「数日分をまとめ
て金融機関に払い込むことが常態化している」という実情が示されます。また
定期監査において繰り返し指摘してきたことも付け加えられています。このよ
うな「監査において指摘を繰り返しても是正されない」というのは全国的に見
られる現象であり、全国の監査委員と事務局職員を悩ませている問題でもあり
ます。伝統的な監査では、「職員の知識不足／意識の低さ」と現場の職員に責
任転嫁してお茶を濁す対応が多くなされてきたのですが、それでは「何度も何
度も指摘をしたにもかかわらず、なお是正されない」という状況を変えること
はできませんでした。

　「守られないルール」が生ずる原因はさまざまですが、典型的なパターン
は、防ごうとするリスクが小さいにもかかわらず、その統制活動に要するコス
トが高すぎるというケースです。すなわち統制活動の費用対効果が悪すぎ、
ルールを遵守することが非常に辛くなってしまっているのです。そのような状
況では、（いかに真面目な公務員集団であっても）そのルールは守られなくな
ります。あるいは守ることが難しくなってしまいます。これは、従来の地方自
治体の現場において「リスクの評価と対応」がほとんど行われてこなかったこ
とによる弊害であると思います。

　前述の事案においては、現状の報告に続いて、「防ぐべきリスク」として
「収納金の保管リスク（盗難等）」が明示され、一方の「統制活動のコスト」と
して「立地条件等のため、払込みに赴くためのコストが大きい」と、リスクと
統制活動のコストについて比較衡量が行われています。さらに「収納額が小さ

いため、毎日払い込んだとしても、つり銭資金を含む現金の保管リスクはさほど低減しない」と、リスクの実状についての評価が行われたのち、「毎日払い込まずとも、他の手段によりリスクの低減が図られている」と、他の手段によるリスク対応も示されています。

　このような客観的な「リスク評価と対応」を行った結果として、「全出先機関に対し毎日の払込みを一律に義務付けることの合理的必要性については疑問が残る」との意見が述べられており、たいへん説得的な監査委員意見となっています（その後、この監査委員意見の趣旨に沿って、A市会計規則は改正されました）。

　本件を参考に、「内部統制の整備の不備」に対する改善を求める監査意見の基本パターンを考えてみました。参考までに以下に掲げておきます。
① 現状
　どういうルールがどのように守られていないか、あるいは、現状にどのような問題があるかについて簡潔に記述する。
② リスクの評価と対応
　現状のルールが防止しようとしているリスクとそのリスク対応の実情を記述する。それに対して、現場の職員が負わされているコスト（時間、手間、金銭など）を示す。代替的手段によるリスク対応が可能であれば、付け加える。
③ 改善提案
　合理的な内部統制となるようルール等の整備の提案をする（実際の改善は執行部の責任であり権限でもあるので、監査委員意見は改善の方向性を示唆するだけで十分である）。

　次も歳入の取扱いについての優れた監査委員意見です。歳入の取扱いについては、規定が大雑把すぎて実態と合わないことがままあり、次に示す事案も「必要な規定が存在しない」という内部統制の「整備の不備」の典型的なパターンです。

平成29年度B市定期監査・行政監査報告書
　調定の時期については、規則第30条第1項4号で、「随時の収入で納入の通知

を発しないもの　原因の発生したとき、又は収入のあったとき」と規定されているものの、複写機使用料や公衆電話使用料については、月1回の調定が多く見られ、事務の効率性から規則の見直しが必要との声が複数の課から聞かれた。事務実態と規則の整合を図ることにより、適法かつ効率的な事務処理について全庁的な検討を要望するものである。

①～③のパターンに沿って本件を整理すると、次のようになります。

① 現状

　規則によれば「随時の収入で納入の通知を発しないもの」については「原因の発生したとき、又は収入のあったとき」に調定を行うこととなっているが、複写機使用料や公衆電話使用料については、1回の収入が10円単位と非常に少額であり、入金の都度現金を取り出して調定することは非常に煩雑であるため、月1回の調定が多く見られる。また、現金は機械の中で安全に保管されている。

② リスクの評価と対応

　複写機使用料や公衆電話使用料については、現金は機械の中で保管されていることから、現金管理リスクの視点からは入金の都度取り出して別に保管する必要性は乏しい。また、1回の入金額が極めて少額であることから、入金の都度に調定しなくとも、市の資金計画等において支障が生じるとは考えられない。

③ 改善提案

　複写機使用料や公衆電話使用料などの少額の現金収入については、月1回の調定で可とすることなどを検討されたい。

　歳入の取扱いについて、市の会計規則等において規定が十分でないことはしばしば見られます。現場の職員が迷わず安心して事務処理ができるように、規定の整備を求めることはとても有意義なことです。

　次は、新規に立ち上げた事業において規則が実態と合っていなかった点を指摘した事例です。

４・５月

６～８月

無　住民監査請求

９・10月

11・12月

１～３月

平成 30 年Ｃ市定期監査報告書

【要望事項】学校給食費の減額に係る事務処理において、学校給食費徴収規則第６条第１項では、欠食などの理由により納付月額の変更を行う場合には、最終月の納付月額から減額する旨を規定しているが、現状では減免開始月から減額を行っており、同規則の規定とは異なる事務処理となっている。

学校給食費の徴収事務における合理性などを考慮すると、学校給食費徴収規則の取扱いが実務にそぐわない状況も想定されることから、実務に適合するように同規則の見直しを図るなど、より適切な事務処理となるように努められたい。

【措置報告】発生時から減額を行うことが合理的かつ該当者の負担減となるため、29 年度中に規則に所要の改正を行った。

　Ｃ市においては 2013 年（平成 25 年）に学校給食費を公費化するという大きな制度改正が行われており、その際に整備された規則が実情に合っておらず、規則の規定と異なった事務処理が行われていたというものです。規則は制度発足と同時に、すなわち職員が事務処理の実務に習熟する前に整備されるため、「やってみたら思っていたことと違っていた」ということは起こり得ます。このようなケースで安直に「規則を遵守されたい」という指摘をしてしまうと、現場の業務の遂行が困難になったり煩雑化したりして、かえって業務の効率性を損なうことになってしまいます。何より「板挟み」になった現場職員が困り果てることになります。

　この指摘が優れているのは、「規則の取扱いが実務にそぐわない状況も想定される」とあり、「内部統制の整備の不備」について自覚的なことです。本事案におけるリスクは「減額等を行う例外的なケースについて、給食費を正確に賦課できないこと」であると考えられるので、正確かつ効率的に賦課が行えるように規則を見直した方が合理的です。このような「ルールと実務の乖離」を放置すると、ルールと異なる事務処理が累積していき、やがて「どういう事務処理が正しいのかよくわからない」という内部統制の破綻をきたし、大きな事務ミスや不祥事につながってしまいます。このように早い時点で「ルールの不備」を指摘することは、仕事をしている職員を守るという意味において、と

ても有益です。また、業務所管課は自ら制定した規則等について自分から「間違っていました」とは言い出しにくいものであり、監査で言うことが親切な場合が結構あります。このケースでは監査が指摘することでただちに規則改正が行われており、所管課においても問題意識が共有されていたものと思われます。

　次は、IT 関連の規則整備についてで、わりと「よくある」ケースです。

平成 30 年度 D 市行政監査

新財務会計システムの稼働にあたって

①規則通知等に根拠がない事務手続が新財務会計システムで実行可能となっているもの

②規則、通知等に根拠がある事務手続が、新財務会計システムで実行不可能となっているもの

について指摘し、是正を求めた。

また電子化された納品書の取り扱いについてより合理的な方法を提案した。

　D 市においては、2017 年（平成 29 年）4 月から新財務会計システムが稼働しているが、それに伴う関係規則等の改正が十分でなかったケースです。大きなシステム改変があると、関連する規則等の見直しも膨大となるため、ともすると規則等の改正が追い付かないケースが見られます。このような IT 開発に伴う内部統制の撹乱について、D 市監査委員が時期を失せず是正を図ったことは、まことにタイミングの良い、適切な監査でした。

　現場の実際と明らかに乖離した規則等が放置されていると、「何が正しいやり方かわからない」という現場の混乱を招き、現場職員が規則を遵守しようとするコンプライアンス意識が希薄となり、やがて本当に重要な安全に関するルールなども守られなくなることがあり、たいへん危険です。

　次に掲げる行政監査報告は、大規模自治体における内部統制の乱れに対する監査委員の警告です。

> **平成 23 年 E 市行政監査報告**
> - 支出手続きは、会計関係の規則・規程だけではなく、専決権限、契約に関する規則・規程も遵守して行うべきであることは、論をまたない。しかし、指摘事項としたように、これら規則・規程とかい離した手続きが通常化している事例が見受けられた。その要因は、規則・規程等についての不十分な認識もあるが、システム化等による実務との齟齬や規則・規程間の関係が複雑化していることにより、即時に正しい解釈をすることが困難になっている面もある。
> - 実務上齟齬をきたしている規定は所定の改正手続きを行い、特に、契約関連の規則・規程に関しては、市長の事務部局において契約事務制度を統括する所管課を明確化し、適宜適切な改正や運用解釈の発信主体となるなど、市として統一のとれた規則・規程体系の維持がはかられるよう対策を講じられたい。

　ここでも「システム化等による実務との齟齬」が指摘されており、余裕のないシステム化で規則等の整備が追い付いていなかった実態が垣間見えます。また、社会情勢の変化に対応するために関係法令はしばしば改正されており、契約事務などの財務ルールは年々変化し、次々と新しいルールが追加されていきます。この際に、単純に新たなルールを通知等で追加するのみで、既存のルールを見直すことを行っていないと「規則・規程間の関係が複雑化」してしまいます（ルールがぐちゃぐちゃに絡まりあってわけがわからなくなる「スパゲッティ・コード化」）。つまり、以前の規定と新しい規定が矛盾をきたしていたり、普通に考えたのでは思いつけないようなアクロバティックな解釈が必要となったりと、それでなくても理解し難いルールがさらに理解困難なものとなるのです。そのような「内部統制の整備の不備」が発生したときに、ルールを見直し、整理し、それを全庁に周知させるのがルール所管課の仕事なのですが、この指摘によると「契約事務制度を統括する所管課」が明確にされていなかったということです。いったい何があったのかと思いますが、財務事務などの全庁共通事務は役所全体の効率を左右する極めて重要な仕事であり、全庁共通事務のルールの所管課を定めることは役所の内部統制においては死活的に重要です。「所管決め」が曖昧であると、内部統制はたちまち弛緩し混乱を招きま

す。この指摘のように、「所管課を決めよ」という指摘をすることは、監査として非常に意義のある仕事なのです。

何はなくても「所管決め」

2016年（平成28年）に公開され大ヒットした映画「シン・ゴジラ」の中で、主人公の官房副長官が焦燥感に駆られて「速やかに巨大不明生物の情報を収集し、駆除、捕獲、排除と、各ケース別の対処方法についての検討を開始してください！」と叫ぶシーンがありました。これに対し、言われた官僚たちが顔を見合わせて「それ、どこの役所に言ったんですか」と聞き返してくるのです。主人公の緊迫したセリフに対し、なんとも間抜けな反応で、観客の苦笑を誘っていたのですが、このシーンを見た公務員の観客（筆者を含む）は、ほぼ全員爆笑していました。それはこのシーンがとても「リアル」だったからです。想定外の巨大不明生物への対処という危急存亡の事態にあっても、役所は「所管」が決まらないと動けないのです。逆に言うと、このような前例のない緊急事態においては、暫定でも良いので、まず「所管」を決め、指揮系統を明らかにすることが、リーダーが一番になすべき仕事でもあります。こののち「霞が関のはぐれ者」たちによるチーム「巨大不明生物特設災害対策本部（巨災対）」が所管部署としてきっちり決められ大活躍するのは、もちろんそういう「お話」ではあるのですが、組織原理としても理にかなっているのです。

　次の事業は、国の補助制度によって実施する事業について、時間のない中で市が定めたルールが錯綜し、その結果として事務ミス等が生じているケースで、その是正のためにルールの整理を求めたものです。

平成29年F市定期監査結果報告
　本市においては、市地域生活支援事業実施要綱（以下「本件事業要綱」という。）を定め、地域生活支援事業として実施する個別事業のメニュー等を規定していますが、個別事業の具体的な事業内容や手続きについては、本件事業要綱の別記と

して定めたり、本件事業要綱とは別の要綱として定めたり、厚生労働省の通知の別記として定められた要綱を適用したりしています。そのため、地域生活支援事業の制度全体の枠組みや各個別事業の位置づけが不明確となり、事業を実施する際の事務の根拠がわかりにくい状況となっています。このような状況は、別項にて指摘・指導するように、個別事業における補助金の交付事務に誤りが生じたり、委託契約事務において各種要綱の規定と実務が乖離したりすることの一因となっていると考えます。

　このような現状を改善するため、本件事業要綱及び個別事業の要綱等を再点検し、他市事例も研究しながら本市における制度の枠組みや法的位置づけを改めて整理してください。その際には、本件事業要綱から個別事業について定める別記部分を分離したうえで所要の改正を行うなど抜本的な改善に向けた措置を講じてください。

　なお、これらの措置を講ずる場合には、必要に応じて、障がい児を対象とする地域生活支援事業を所管する子育て支援課、政策法務の推進を所管する法務管理課等、他部署に支援を要請することが有用と考えます。

　本事業は地域における障がい者の日常生活及び社会生活を総合的に支援するためのものであり、国の法制度の大きな変更とともに導入された制度です。事業がスタートすべき時期が決められているにもかかわらず、準備のためのリードタイムが十分に与えられないという事態を自治体の現場ではしばしば経験しますが、本事業もそのようなケースであったのではないかと推測されます。時間に追われる現場としては、まずはとにかく事業をスタートさせることが先決であり、そのために必要な要綱等の整備を体系的に行っている余裕がなく、「とりあえず手っ取り早く使えるもの」を利用してきた結果として、全体として一つの事業であるにもかかわらず、個別事業を行う根拠が「要綱の別記として定めたり」「本件事業要綱とは別の要綱として定めたり」「厚生労働省の通知の別記として定められた要綱を適用したり」と極めて体系性を欠いたものになってしまったものと思われます。本監査報告の別のところで「補助金交付要綱に誤りや矛盾が多く、理解し難い状態となっていたこと」と指摘されているように、本事業における「内部統制の整備の不備」はかなり重大でした。事業

の根拠がバラバラでわかりにくいものとなっていたことの結果として、現に事務ミスが発生するなど、業務の有効性・効率性が損なわれていました。要綱等を体系化してわかりやすい形に整理することは、職員が安心してサクサクと事業を実施できるようにするために非常に重要なことですが、日々の仕事に追われている多忙な職場においてはそれが厳しいことがしばしばあります。しかし放置すると、多忙による内部統制のゆるみ＝ルールと実態の乖離がどんどん進行し、内部統制が空洞化していく「魔のスパイラル」が進行してしまいます。ここはしんどくとも腰を据えてルールを整理しなければいけない場面であり、指摘の最後に「法制担当課の支援を要請せよ」とあるのは、そのような事情を汲んだものと思われます。

　最後に民間企業の例ではありますが「内部統制の整備の不備」がもたらした重大事故の例を報告して、本章の結びとしようと思います。役所の内部統制は放置すると統制過剰に陥りやすいのですが、過剰な規制は効率性を損なうばかりでなく、職員の法令順守意識を空洞化させ、重大事故を惹起することもあり得るのです。

　2002 年（平成 14 年）H 重工の造船所で建造中の豪華客船から出火し、船を焼損、130 億円の損失を出したという大事故がありました。火災の理由は、内装工事が完了し可燃物が置かれている客室の直下の天井（鋼板製）に対して直接溶接を行ったため、その熱で客室内の段ボール等が発火したという、あり得ないような初歩的なミスでした。その理由を危機管理・リスク管理の専門家が次のように分析しています。

　「必要性の小さい、あるいは現場の実情から乖離した規則類が増えたことで、作業現場の中で規則を遵守しようとする意識が希薄となる「規制過剰症」に陥っていたのである。」

　「当初は不必要な規制に対してのみ違反が行われるが、いずれは絶対に守らなければならない安全規則にまで違反が及ぶ。これは、規則違反が日常茶飯事となることにより、規則それ自体の「重み」が失われてしまうからだ。」

　「規則やマニュアルを無用に増加させると、かえって現場の規範意識を後退させる危険性があることに注意が必要である。」[1]

「守りにくいルール」「守るのが苦しいルール」をはびこらせてしまうと、業務の効率性が低下するばかりでなく、「どのルールを守ってよいかわからない」という混迷が生じてしまいます。それはすなわち「ルールを守りたくても守れない」という内部統制の全面的破綻であり、組織にとって破滅的に危険な状態です。紙に書かれたルールは、すべて遵守されるべきであり、逆に守れないルール（守る必要のないルール）を紙に書いたままにしておいてはいけないのです。そのためのチェック活動が、内部統制におけるモニタリングです。ルールは制定するよりも維持・保全することの方が実は難しいのです。ことに官僚組織においてはルールの見直しを行うことが「間違いを認めること」であるような誤解が蔓延しており、モニタリングが十分に行われてきませんでした。

　地方自治法改正により、内部統制に関する評価（モニタリング）が導入されることは、「ルールの見直し」を執行部自らが定期的に行うようになることで、きちんと行えば組織のパフォーマンスの大幅な向上につながるものだと思います。

創業と守成、いずれが難きや

　大唐帝国を築き上げた太宗（李世民）が晩年側近に尋ねました。「帝王の事業の中で、創業と守成といずれが困難であろうか」。宰相は「天下麻の如く乱れ、群雄割拠し、これらの敵を命がけで降伏させ、勝ち抜いて天下を平定しました。創業が困難に決まっております」と答えました。別の重臣が反論して言いました。「創業は前代の衰え乱れた後を受け、時流に乗って勢いで達成したという面があります。しかし一旦天下を取れば、気持ちがゆるんで驕り気ままになり、人民が食うや食わずの生活を送っていても帝王の贅沢は止まず、国家が衰えていきます。守成の方が困難であります」。太宗は言いました。「今や、創業の困難は過去のものとなった。今後は汝等と共に守成の困難を心して乗り越えて行かなければならない」。

　『貞観政要』という太宗（李世民）の言行録に掲載される話ですが、内部統

制のモニタリングの本質に通じるものがあります。制度の創造（創業）にあたっては、意義がわかりやすいし、目立つし、手柄として認められやすいから誰しも一生懸命に取り組むものです。しかしすでに存在する制度が支障なく機能するように見直しを行うこと（守成）は、とても地味で評価されにくいものです。まして忙しい職場であれば、「守成」はついつい先送りにされてしまいがちです。だからこそ、内部統制は「モニタリング」を必須の要素としているのです。監査も、内部統制の「整備の不備」に着目した監査を行うことで、「仕事を改善する監査」を行うことができます。これからの厳しい時代、監査のみなさんには職員が少しでも安心してサクサクと仕事ができるような組織づくりに貢献していただきたいと思います。

＊1……樋口晴彦『組織行動の「まずい‼」学──どうして失敗が繰り返されるのか』祥伝社、2006年

おわりに

　2006年（平成18年）に突然監査事務局の課長に任命されてから、はや15年が経ちました。はい、私もご多分に漏れず、「青天の霹靂」で監査事務局に異動してきた職員の一人でした。ただ、若干私が人と違っていたのは、すぐに監査の仕事を「面白いじゃん！」と思ったことかもしれません。若いころ財政課で7年間徒弟奉公し、「タテマエばかり」の予算要求にウンザリしていた私には、監査の職員さんたちが報告してくれる監査結果が面白くてたまりませんでした。

　確かに報告される内容の99％は、しょうもない定例軽易な間違いでしたが、中には「おおっ」と思うようなものもありましたし、なにより「リアル」でした。監査を通じて見える各課の状況は、しょうもない間違いも含めてリアルな実情であると感じられました。財政課のときはすりガラス越しに表玄関やお座敷しか見せてもらえていなかったのが、いきなり鮮明なレンズで台所のゴミ箱の中を覗かせてもらったような印象でした。

　「監査は面白い！」

　これは、そのときから一貫して変わらぬ私の思いです。

そして次に気づいたのが、自治体業界において監査が軽んじられていることの甚だしさでした。第1章で説明したとおり、それは歴史的経緯によるものであって、自治体監査の職員さんたちの責任ではまったくありません。監査が軽んじられてきたことは、まことに不当なことであり、かつ地方自治体にとって有害なことでした。監査って、こんなに大事な仕事なのに！

　そういう思いを込めて市町村アカデミーや自治大学校で講義をさせていただいたところ、幸いにしてご好評をいただき、このような本を書く機会を与えていただくことにつながりました。
　講義や演習を通じて私に自治体監査の現場の状況を教えてくれた受講生のみなさん、メーリングリスト「自治体監査勉強会」のみなさん、本当にありがとうございました。また、今回の執筆を依頼してくださった学陽書房の川原正信さんには、特に深く感謝申し上げたいと思います。

令和3年初夏

馬場　伸一

著者紹介

馬場 伸一（ばば しんいち）

1959 年　福岡市生まれ
1982 年　東京大学法学部卒業、福岡市役所に奉職
1985 〜 1992 年　財政課でバブル期の予算編成を体験
1999 〜 2001 年　米国ポートランド州立大学に留学、ポートランド市公選監査人のオフィ
　　スでインターン（実質はコピー取り）を経験。
2003 〜 2006 年　福岡アジア文化賞室長
2006 〜 2012 年　福岡市監査事務局第 2 課長
2007 〜 2009 年　総務省「地方公共団体における内部統制のあり方に関する研究会」委員
2010 年 〜　市町村職員中央研修所（市町村アカデミー）、日本経営協会（ＮＯＭＡ）、総
　　務省自治大学校のほか、全国各地にて自治体監査関係の研修講師を務める。
　　地方監査会計技術者（英国勅許公共財務会計協会（CIPFA) 日本支部）

《論文等》
・「自治体監査の事務①総論編」判例地方自治（2018 年 9 月号）
・「自治体監査の事務②各論編」判例地方自治（2018 年 10 月号）
・「指定管理者監査の実務ポイント」地方財務（2018 年 12 月号、2019 年 2 月号、3 月号）
・「自治体監査の実務ポイント」地方財務（2019 年 4 月号〜 2020 年 1 月号まで連載）

自治体監査の12か月

──仕事の流れをつかむ実務のポイント

2021 年 6 月 22 日　初版発行
2021 年 10 月 1 日　　2 刷発行

著　者　　馬場　伸一
　　　　　ばば　しんいち

発行者　　佐久間重嘉

発行所　　学陽書房

〒 102-0072　東京都千代田区飯田橋 1-9-3
営業／電話　03-3261-1111　FAX　03-5211-3300
編集／電話　03-3261-1112　FAX　03-5211-3301
　　　　http://www.gakuyo.co.jp/

装幀／佐藤　博　　　DTP ／越海編集デザイン
印刷・製本／三省堂印刷
©Shinichi Baba 2021, Printed in Japan
ISBN 978-4-313-12065-5 C3033
乱丁・落丁本は、送料小社負担にてお取り替えいたします。